BIOGRAPHIE
DE
M. DUPLAY

PRÊTRE DE SAINT-SULPICE

ANCIEN SUPÉRIEUR DU SÉMINAIRE DE SAINT-IRÉNÉE

Par E. Renault

PRÊTRE DE SAINT-SULPICE

Directeur du Séminaire de Saint-Irénée

(Avec un beau portrait photographié)

LYON
LECOFFRE, LIBRAIRE-ÉDITEUR
Rue Bellecour, 2.

St-ÉTIENNE
CHARTIER ET LE HÉNAFF
Rue de la Bourse, 2

1878

BIOGRAPHIE

DE

M. DUPLAY

LYON

IMPRIMERIE CATHOLIQUE, RUE DE CONDÉ 31.

REPRODUCTION DE ARMBRUSTER, 2, PLACE DE LA CHARITÉ, LYON.

BIOGRAPHIE

DE

M. DUPLAY

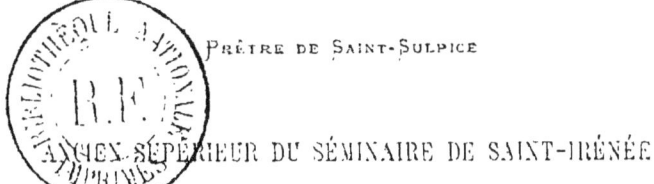

Prêtre de Saint-Sulpice

Ancien supérieur du Séminaire de Saint-Irénée

Par E. Renault

Prêtre de Saint-Sulpice

Directeur du Séminaire de Saint-Irénée.

(Avec un beau portrait photographié).

LYON	St-ÉTIENNE
LECOFFRE, libraire-éditeur	CHARTIER ET LE HÉNAFF
2, rue Bellecour, 2.	2, rue de la Bourse, 2.

1878

En commençant cette notice sur le vénérable M. Duplay, ancien supérieur du séminaire de Saint-Irénée, nous disions que notre intention n'était pas de rendre un hommage complet, définitif aux vertus de ce saint prêtre ; nous exprimions même le désir qu'une plume autre que la nôtre, recueillît tout ce qui appartient à une vie si riche, si féconde dans sa simplicité et son obscurité. Pour nous, nous ne voulions qu'offrir aux lecteurs des *Annales* les principaux traits de cette existence de quatre-vingt-dix ans, passée presque tout entière dans l'étroite enceinte d'un séminaire, et néanmoins exclusivement consacrée aux intérêts du diocèse et de l'Eglise.

Mais à mesure que nous avancions dans notre travail, nous nous sommes aperçu qu'il était bien difficile de résumer en quelques pages seulement nos souvenirs personnels ; nous avons donc dépassé les limites que nous nous étions d'abord fixées et nous avons fait une *biographie* qui, nous l'espérons, pourra donner aux ecclésiastiques et aux prêtres quelque édification. La vie de M. Duplay s'est passée loin des regards du public, dans l'uniformité du devoir accompli. On y chercherait vainement ces actions éclatantes qui attirent la réputation, ces choses que le monde appelle *grandes* et qui attachent la célébrité à un nom. Mais, ce qui vaut beaucoup mieux, nous aurons à montrer l'exemple d'une vertu qui n'eut pas une heure de défaillance; nous aurons à montrer un vrai prêtre, et c'est là certainement, dans les pensées de la foi, la plus noble gloire qu'il soit donné à un homme de recueillir sur la terre; le faire connaître aux autres, c'est aussi la leçon la plus utile que nous puissions leur proposer.

On s'étonnera peut-être que cette *biographie* de M. Duplay soit écrite par un de ses confrères; mais afin de bien connaître ce vénérable supérieur, ne fallait-il pas vivre dans sa société habituelle et être chaque jour le témoin édifié de ses vertus? Et puis, nous devons le dire, M. Duplay n'appartient pas moins au diocèse de Lyon qu'à la société de Saint-Sulpice; il est sorti des rangs de ce clergé qui a donné à l'Eglise tant de saints évêques et tant de zélés missionnaires; comme élève ou comme Directeur, il a passé près de soixante et dix ans dans le séminaire de Saint-Irénée; il a été le condisciple ou le Supérieur des deux mille prêtres qui travaillent dans ce vaste diocèse. A ce titre, n'avons-nous pas le droit d'admirer sans réserve et de louer sans flatterie ? — Voilà notre excuse ; voilà aussi le motif de notre confiance.

Puissions-nous avoir réussi, par ce petit travail, à conserver longtemps dans ce diocèse le souvenir de la vie et des vertus de M. Duplay !

Afin de nous aider à compléter cette *biographie* et à lui donner, s'il est possible, les proportions d'une *Vie*, nous prions MM. les ecclésiastiques qui ont connu particulièrement le vénérable supérieur, de nous communiquer les faits intéressants dont ils ont pu être témoins.

AUX ÉLÈVES DU SÉMINAIRE DE SAINT-IRÉNÉE.

MES CHERS AMIS,

C'est à vous que nous dédions ces quelques pages où nous avons essayé de raconter la vie et les vertus de celui qui était notre père commun. Vous savez combien ce vénérable prêtre aimait la maison que vous habitez, combien il vous a aimés vous-mêmes. Depuis le jour où il est entré au séminaire de Saint-Irénée, M. Duplay n'a pas cessé de lui appartenir; il lui a consacré avec un dévouement sans bornes, durant les soixante-trois années de son laborieux ministère, tout ce qu'il avait de force, de santé et de zèle. N'est-ce pas surtout à vous qu'il appartient de garder son souvenir? Vous aussi vous l'avez aimé, parce que vous avez pu jouir de ses dernières années, de ses derniers entretiens; longtemps sans doute vous vous rappellerez ou plutôt vous n'oublierez jamais celui qui était si heureux de vivre au milieu de vous, de converser avec vous, et qui vous a offert un modèle si parfait des vertus sacerdotales.

C'est donc avec confiance que nous vous présentons ces pages. Sans doute elles ne vous donneront pas la reproduction complète de celui que vous portez tous gravé dans votre souvenir ; il nous semble cependant que, malgré les lacunes du récit et l'imperfection du tableau, vous le reconnaîtrez sans peine, et s'il y manque quelque chose, vous n'aurez, pour y suppléer, qu'à interroger vos souvenirs personnels, qu'à écouter les échos de votre cœur.

Mais que ces pages ne vous aident pas seulement à garder une mémoire vénérée ; qu'elles vous soient aussi une leçon et un exemple ; qu'elles vous apprennent surtout à honorer comme lui le sacerdoce. *Mementote præpositorum vestrorum, qui vobis locuti sunt verbum Dei ; quorum intuentes exitum conversationis, imitamini fidem.* (Hebr., XIII, 7.)

BIOGRAPHIE
DE
M. DUPLAY

PRÊTRE DE SAINT-SULPICE

ANCIEN SUPÉRIEUR DU SÉMINAIRE DE SAINT-IRÉNÉE.

I

SES PREMIÈRES ANNÉES. — LA FAMILLE.
LE PETIT SÉMINAIRE. — LE GRAND SÉMINAIRE.

M. Duplay, Jean-Louis, naquit à Jonzieux (Loire), village de Rebaude, le 22 janvier 1788, de parents honorables et surtout profondément chrétiens ; on peut le dire, c'est là, au sein d'une famille patriarcale, qu'il a puisé les premiers principes de cette foi et de cette simplicité qui devaient faire le caractère distinctif de sa vertu. Les grands événements qui ne tardèrent pas à s'accomplir en France, eurent aussi, sur son éducation et sa formation, leur part d'influence ; on l'a entendu souvent faire le récit de l'arrestation de son père, amené prisonnier à Saint-Etienne par les révolutionnaires ; il se rappelait très-distinctement l'impression qu'avait produite sur sa pieuse mère la nouvelle de l'assassinat juridique de Louis XVI, et, petit enfant, il se demandait comment elle pouvait pleurer la mort d'un homme qu'elle ne connaissait pas. Il aimait aussi à parler des prêtres qui avaient trouvé un asile, un refuge dans la maison paternelle, et qui y célébraient en cachette les saints mystères pour les fidèles des environs ; *par esprit de religion*, dit-il, *ma mère leur préparait la soupe avec du pain blanc, tandis qu'elle réservait un pain plus grossier aux membres de la famille.* Aussi heureuse que la mère des enfants de Zébédée, cette bonne mère n'a-t-elle pas obtenu, par un si bel acte de charité, la grâce de la vocation sacerdotale pour deux de ses enfants, qui ont en effet honoré le diocèse par leur science et leur sainteté (1)?

Dès ses premières années, le jeune Jean-Louis Duplay (le seul dont nous ayons à nous occuper dans cette notice), montra un grand amour pour la vie des champs et une véritable aptitude pour les occupations agricoles ; son bonheur était déjà de partager les travaux de son père et de s'entretenir avec lui des améliorations qu'il voulait réaliser dans l'exploitation de son domaine. Aussi, quand il manifesta un jour l'intention où il était d'embrasser la carrière ecclésiastique, et d'accompagner son frère aîné au petit séminaire, il y eut d'abord de la surprise, de l'hésitation, même un commencement d'opposition ; son père, qui aurait voulu le conserver auprès de lui et l'ap-

---

(1) M. Duplay avait un frère aîné, M. Claude Duplay, qui, après avoir été successivement vicaire de Saint-Bonaventure et curé de Chaponost, mourut curé de Marlhes en 1841, à l'âge de 58 ans. Dans cette dernière paroisse, on conserve religieusement le souvenir de ce saint prêtre ; on aime surtout à se rappeler son zèle pour l'œuvre de la Propagation de la foi.

pliquer à l'agriculture, voyait tout d'un coup s'évanouir ses plus chères espérances. Mais bientôt les pensées de la foi l'emportèrent sur les premiers sentiments de la nature, et ce père vraiment chrétien permit à ses deux fils de suivre en toute liberté l'attrait qui les poussait vers le sanctuaire.

Jean-Louis Duplay entra au petit séminaire de Verrières en 1804 : cette maison, qui devait rendre plus tard de si grands services au diocèse de Lyon, comptait alors très-peu d'élèves. « Quand j'y suis « allé, disait plus tard le vénérable Supérieur, nous « n'étions que 40 ; deux ans après, nous étions près « de 400. Il y en avait partout, dans toutes les mai- « sons du bourg. Chacun étudiait où il pouvait, dans « les granges, sous les arbres ; pour moi, ajoutait-il « dans une visite qu'il faisait il y a peu d'années à « cet établissement berceau de son éducation cléri- « cale, je voudrais bien revoir la pierre sur laquelle « j'allais m'asseoir pour étudier ma leçon. »

Nous n'avons que très-peu de détails sur le séjour de M. Duplay à Verrières ; sans doute, les années qu'il y passa ne furent signalées par aucune action d'éclat. Toutefois on remarquait déjà en lui une régularité parfaite, qui en faisait le modèle du séminaire ; une foi simple, mais vive, précieux héritage du foyer paternel, et qu'il aimait à raviver chaque année par un pèlerinage au tombeau de saint François Régis ; une grande égalité d'âme que rien ne pouvait troubler, et qui le faisait également aimer de ses maîtres et de ses condisciples.

Comme le *saint curé d'Ars*, qu'il connut d'abord à Verrières et qu'il devait retrouver plus tard au séminaire de Saint-Irénée, le jeune Duplay fut requis pour le service militaire; c'était probablement dans le cours de l'année 1808 ou 1809, à cette époque où Napoléon, maître d'une grande partie de l'Europe, faisait appel à tous les enfants de la France pour achever et compléter sa conquête. Cette feuille de route fut, comme on peut le penser, un coup de foudre pour toute la famille. Jean-Louis se montra ferme et courageux ; ce qui l'affligeait le plus, était la nécessité où il se voyait réduit d'interrompre ses études, et d'abandonner une vocation qu'il sentait s'affermir dans son âme. Après quelques tentatives pour sauver le pieux élève de Verrières, son père se décida à faire avec lui un voyage à Saint-Chamond, et quelques jours après, une haute protection l'avait soustrait aux recherches et aux poursuites de l'autorité militaire.

En 1810, Jean-Louis Duplay quittait Verrières pour aller faire sa philosophie au séminaire de l'Argentière qui, à cause du grand nombre des élèves, était devenu comme une succursale du séminaire de Saint-Irénée. Cette année fut pour lui l'occasion de faire de nouveaux progrès dans la vertu et dans la science. Un jour qu'il se promenait sur la magnifique terrasse de cette maison, avec un de ses amis intimes, M. Merlaton, mort en odeur de sainteté à Firminy, il lui dit, dans un épanchement de cœur : « Oh ! Merlaton, « qu'on est heureux de vivre dans un séminaire, loin « du bruit et de l'agitation du monde! Qu'on est heu-« reux surtout d'avoir la conscience tranquille, de « vivre en paix avec tous ses frères par la pratique de « la charité, et de faire à chaque instant la volonté « de Dieu par l'observation entière de son regle-« ment ! » On le voit, ses goûts le portent de plus en plus vers le sacerdoce, et il fait l'apprentissage de ces vertus qu'il devra pratiquer et enseigner pendant toute sa vie.

Les talents de M. Duplay n'étaient pas brillants, mais ils étaient solides, et à mesure qu'il avançait dans ses études, ses succès devinrent plus considérables. Doué d'un jugement très-sain, d'un bon sens exquis, d'une perspicacité peu ordinaire, il les augmenta encore par son travail constant et assidu. On le mettait au nombre des élèves les plus laborieux, et il avait à cœur de ne perdre aucune minute de son temps, A cette époque, les maîtres de conférence étaient pris parmis les plus anciens ; M. Duplay eut cet honneur. Il eut, de plus, celui d'être un des premiers bacheliers de la nouvelle Université fondée par Napoléon, et le 23 juillet 1811, à la fin de son année de philosophie, il subissait son examen pour le baccalauréat devant l'Académie de Lyon. Nous avons eu entre les mains ce diplôme délivré alors au jeune Duplay ; il est signé par M. de Fontanes, grand-maitre de l'Université, et l'un des considérants rappelle le décret impérial du 9 avril 1809, portant que, pour être admis dans les séminaires, les élèves devront justifier du titre de bachelier, et l'article 19 du décret du 17 mars 1808, portant que, pour être admis à l'examen du dit baccalauréat, ils devront être âgés au moins de 16 ans, et répondre sur tout ce qu'on enseigne dans les hautes classes des Lycées.

Nous avons cité à dessein ces dispositions odieuses et tyranniques, insérées dans le diplôme, parce qu'elles révèlent tout le plan de Napoléon qui, en créant l'Université, voulait assujettir à l'*omnipotence* de l'Etat tout enseignement, même l'enseignement des séminaires, afin de contrôler ainsi le recrutement du clergé.

Nos lecteurs nous sauront sans doute gré de leur donner le texte entier de ce diplôme.

UNIVERSITÉ IMPÉRIALE.

DIPLÔME DE BACHELIER ÈS-LETTRES.

Au nom de Napoléon, Empereur des Français, Roi d'Italie et protecteur de la Confédération du Rhin,

Nous, Louis de Fontanes, sénateur, grand-maître de l'Université impériale, comte de l'Empire :

Vu l'article 1ᵉʳ du décret impérial du 9 avril 1809 portant que, pour être admis dans les séminaires, les élèves devront justifier qu'ils ont reçu le grade de bachelier de la Faculté des lettres, et l'article 19 du décret du 17 mars 1808, portant que, pour être admis à l'examen du dit baccalauréat, il faudra être âgé au moins de 16 ans, et répondre sur tout ce qu'on enseigne dans les hautes classes des Lycées ;

Vu la délibération du conseil de l'Université du 23 novembre 1810, sur les formes à suivre pour donner le grade de bachelier aux jeunes gens destinés à l'état ecclésiastique, dans les arrondissements académiques où il n'y a point encore de Facultés de lettres établies ;

Sur le certificat d'aptitude délivré au sieur Duplay (Jean-Louis), né à Jonzieux, département de la Loire, par les examinateurs de l'Académie de Lyon, le 23 juillet 1811, et visé par le Recteur de la dite Académie,

Donnons par ces présentes, au dit sieur Duplay, le grade de bachelier ès-lettres, pour en jouir avec les droits et prérogatives qui y sont attachés par les lois, décrets et règlements, tant dans l'ordre civil que dans l'ordre de fonction de l'Université.

Signé : *Fontanes*, contre-signé par le conseiller secrétaire général (*signature illisible*), délivré par le Recteur de l'Académie de Lyon, *de Champagny*. — Le chancelier : *Villaret*. N° 1913.

Le tout muni du sceau du grand-maître de l'Université.

A la Toussaint de cette même année 1811, M. Duplay entra au séminaire de Saint-Irénée. Il aimait à raconter un petit incident qui signala sa première arrivée à Lyon. En descendant de voiture, au lieu de demander le chemin du *grand séminaire*, il avait demandé celui de *Saint-Irénée*, persuadé que, dans l'esprit du public comme dans le sien, les deux dénominations étaient parfaitement identiques. Malheureusement on lui indiqua l'église de Saint-Irénée, située à l'extrémité opposée de la ville, et, là seulement, il s'aperçut de sa méprise. Une dame qu'il rencontra, s'offrit alors pour le conduire et lui dit très-poliment : *Monsieur l'abbé, je vais précisément de ce côté. Seulement comme nous ne pouvons marcher ensemble, suivez-moi*. M. Duplay marcha en effet derrière elle, et arriva enfin sur la place Croix-Paquet, où s'élevaient alors les bâtiments du grand séminaire.

Le séminaire de Saint-Irénée était dirigé par les prêtres de Saint Sulpice : c'est ainsi que M. Duplay eut pour supérieur M. Bouillaud, docteur de Sorbonne, mort depuis, en 1815, supérieur du séminaire de Clermont-Ferrand, et pour professeur de dogme M. Maréchal, qui devint plus tard archevêque de

Baltimore et mourut en 1828. Il aimait souvent à rappeler le souvenir de ces deux hommes éminents par la science et par la piété. Cependant il ne les connut que quelques mois; car, le 26 décembre 1811, les Sulpiciens durent abandonner le Séminaire, où ils furent remplacés par des prêtres du diocèse (1).

A la fin de l'année scolaire 1811-1812, le 12 juin 1812, M. Duplay reçut la tonsure et les ordres moindres dans l'église primatiale, des mains de Son Eminence le cardinal Fesch : le 18 décembre de la même année, il fut ordonné sous-diacre dans la chapelle de

(1) Tout le monde sait qu'après la mort de M. Emery, supérieur général de Saint-Sulpice et ancien directeur du séminaire de Saint-Irénée, la Compagnie de Saint-Sulpice fut supprimée à la fin de l'année 1811. Bien plus, d'après les circulaires du ministre des cultes aux évêques, des 9 novembre et 20 décembre 1811, et d'après une lettre du même au grand-maître de l'Université, du 5 décembre 1811, les évêques ne pouvaient pas choisir pour grands-vicaires des prêtres de Saint-Sulpice, et il était surtout défendu de leur donner des fonctions dans les grands et petits séminaires. Cette mesure avait été imposée par l'Empereur, à la suite de la courageuse résistance que lui avait faite M. Emery.

Les autres directeurs du Séminaire de St-Irénée étaient : M. Royer, directeur du Séminaire, qui devint plus tard successeur de M. Bouillaud dans la supériorité du séminaire de Clermont-Ferrand ; M. Ducrest, professeur de morale, qui se retira à Saint-Etienne, dans l'hôpital de la Charité où il est mort sans reprendre d'occupation dans le Séminaire, quand la Compagnie de Saint-Sulpice fut rétablie en 1814 ; M. Chailloux qui se retira à Pont-de-Vaux (Ain), et qui en 1815 devint supérieur du séminaire du Puy-en-Velay, et fut de là transféré au séminaire de Bayeux où il est mort.

Les prêtres du diocèse qui furent appelés à leur succéder, sont : MM. Bochard, vicaire général, supérieur ; Cabuchet, curé de Mornant, directeur ; Gardette, économe et professeur d'Ecriture sainte ; Cholleton, professeur de morale ; Cattel, professeur de dogme ; Menaide, maître de cérémonies. En 1812 M. Gardette devint supérieur, M. Delacroix, directeur, M. Menaide, économe, et M. Mioland, qui devint plus tard archevêque de Toulouse, remplaça M. Menaide en qualité de maître des cérémonies.

l'Archevêché. Le dimanche 1ᵉʳ août 1813, il fut promu au diaconat dans l'église paroissiale de Saint-Bruno. Enfin il reçut la prêtrise des mains de Mgr l'évêque de Grenoble, le 5ᵉ dimanche après la Pentecôte, 3 juillet 1814.

C'est probablement à la fin de cette même année scolaire 1813-1814, que M. Duplay revit au séminaire de Saint-Irénée le jeune Vianney, qui devait devenir plus tard le *Saint Curé d'Ars*, et dont il aimait à rappeler le souvenir ou l'exemple chaque fois qu'il parlait à la communauté (1). Nous pensons aussi qu'il fut le condisciple de S. Em. le cardinal Donnet, archevêque de Bordeaux ; car une notice sur la vie et les travaux du vénérable prélat, nous apprend qu'après avoir terminé ses humanités au collège d'Annonay, il fournit au séminaire de Saint-Irénée le cours ordinaire de ses études ecclésiastiques, et qu'il les termina à l'âge de 18 ans, c'est-à-dire en 1813.

(1) Le P. Monnin, auteur de *la Vie du Curé d'Ars*, dit positivement que M. Vianney commença son cours de théologie à Ecully, sous la direction de M. Balley, au mois de juillet de l'année 1813. C'est dans le cours de l'année suivante qu'il fut présenté aux examens du Grand Séminaire et, après beaucoup d'hésitations, admis sur l'autorité du judicieux M. Courbon. Le séminaire de Saint-Irénée était alors dirigé par des prêtres du diocèse, comme nous l'avons dit plus haut. M. Vianney reçut le sous-diaconat le jour même où M. Duplay fut ordonné prêtre. D'après le P. Monnin, ce serait le 2 juillet 1814 ; mais c'est une erreur, parce que l'ordination de cette année se fit par *extra tempora* le 5ᵉ dimanche après la Pentecôte, par conséquent le 3 juillet.

II

VIE EXTÉRIEURE DE M. DUPLAY.

SES DIVERSES FONCTIONS.

A peine M. Duplay fut-il honoré du sacerdoce, que ses supérieurs ecclésiastiques songèrent à lui confier une chaire de théologie ; à la rentrée suivante, à la Toussaint de 1814, il fut envoyé au séminaire de l'Argentière qui, comme nous l'avons dit plus haut, était devenu comme une succursale du séminaire de Saint-Irénée, et il y enseigna le dogme pendant deux ans. En 1816 il était rappelé à Lyon : c'est là qu'il devait passer le reste de sa vie, accomplissant successivement toutes les fonctions que l'on peut exercer dans un grand séminaire. En 1817, il professe le cours de morale. Tombé malade en 1822, il quitte l'enseignement pour devenir économe. En 1824, un concordat est passé entre Mgr de Pins, Administrateur Apostolique du diocèse de Lyon, et M. Duclaux, supérieur du séminaire de Saint-Sulpice, pour rendre aux Sulpiciens la direction du séminaire de Saint-Irénée ; une des clauses de ce concordat permettait de laisser au Séminaire ceux des anciens directeurs qui voudraient s'agréger à la Compagnie ; et en effet, dans les vacances de 1824, M. Duplay va à Paris avec M. Gardette, supérieur, à qui il est adjoint en qualité de directeur du séminaire. En 1830, il tombe de nouveau malade, et est obligé de se reposer dans sa famille pendant deux années entières. Il revient ensuite au Séminaire ; mais comme il n'était pas encore complètement remis d'une fatigue de larynx qui l'empêchait d'exercer aucune fonction, il se borne à la direction de ses pénitents. En 1834, il remplit les fonctions d'économe, qu'il conserve jusqu'en 1841, époque où il est nommé supérieur en remplacement de M. Gardette ; le 9 janvier 1849, il devient chanoine d'honneur, vicaire général honoraire et membre du Conseil archiépiscopal. Enfin, le 4 septembre 1870, il se démet des fonctions de supérieur, et meurt le 17 décembre 1877.

Ces dates indiquent les diverses phases de la vie de M. Duplay ; elles disent aussi les divers services qu'il a été appelé à rendre au séminaire de Saint-Irénée et à tout le diocèse de Lyon.

Il a à peine terminé ses études, qu'il est appliqué lui-même à l'enseignement de la théologie : ceux qui l'ont connu dans ses débuts aiment à se rappeler la sûreté de sa doctrine, la netteté, la sagesse de ses décisions, l'étendue de son savoir et de son érudition. Il montrait déjà une prudence consommée ; jeune il a la maturité du vieillard, comme plus tard, dans la vieillesse, il devait avoir la simplicité d'un enfant. M. Duplay n'était pas un professeur brillant ; mais ce qu'il savait, il le savait bien, et il avait adopté pour lui-même la maxime qu'il recommandait si souvent aux autres : *Timeo hominem unius libri*. Tous les jours il repassait sa théologie dans un ouvrage élémentaire, et il suffisait de l'entendre dans les examens ou dans les dominicales, pour voir avec quel intérêt il suivait toutes les matières de l'enseignement qui se donne dans un séminaire. Il ne restait pas non plus étranger aux subtilités de la scholastique, et dans les argumentations ou les concours, il donnait sur le mérite relatif des concurrents une appréciation parfaitement motivée. Jusqu'à la fin, il a voulu prendre part à ces exercices, et on ne savait qu'admirer le plus, ou la précision de sa mémoire, ou son sens droit qui le maintenait toujours au point précis de la question.

Econome, il sait gérer avec beaucoup d'intelligence les intérêts du Séminaire ; c'est à lui principalement qu'on doit le choix et l'achat des terrains où se trouve actuellement le Grand Séminaire. Les bâtiments de l'ancien, situés place Croix Paquet, étaient devenus insuffisants pour le nombre des jeunes gens ; depuis longtemps on sollicitait du gouvernement l'autorisation nécessaire pour sa translation dans un autre local ; une ordonnance royale du 9 octobre 1835 avait autorisé cette translation, et c'est alors que M. Duplay s'occupa activement de l'acquisition des Bains Romains, acquisition qu'il eut la gloire de réaliser, en attendant que, supérieur, il pût faire auprès du gouvernement de nouvelles démarches, et obtenir enfin la construction du magnifique séminaire qui s'élève aujourd'hui sur le coteau de Fourvière. Où trouver un air plus pur, une vue plus étendue, plus variée, une exposition plus favorable, un quartier plus tranquille? Où rencontrer surtout un emplacement répondant mieux aux désirs de la piété et aux exigences de la formation ecclésiastique?

Prope Forverium, in monte martyrum. Fundamenta ejus in montibus sanctis (1).

Directeur, quels services M. Duplay n'a-t-il pas rendus à tous les séminaristes dont il a décidé la vocation et qu'il a introduits dans le sacerdoce? Pendant les soixante-trois ans qui composent sa vie de directeur et qui ont vu passer tant de générations sacerdotales, combien de prêtres qui lui doivent, après Dieu, leur persévérance? Et, en dehors de ceux qui sont restés

---

(1) On sait combien la construction du nouveau Séminaire fut dirigée avec un plein et prompt succès, grâce à la haute initiative prise par Son Eminence le cardinal de Bonald et à la bienveillante intervention de M. le sénateur Vaisse, administrateur du département du Rhône; grâce également au concours intelligent, actif et dévoué de M. T. Desjardins, architecte de la ville et du diocèse. En 1850, Son Eminence le cardinal de Bonald parlait à l'Empereur du projet de bâtir le Séminaire aux Bains Romains; les 15 et 18 mai de cette même année, l'Empereur Napoléon III rendait deux décrets autorisant la construction.

Aussitôt M. Desjardins est chargé de dresser les plans et de faire les devis des travaux.

Le 14 juillet 1855, Son Eminence le cardinal de Bonald, assisté de Mgr Lyonnet, évêque de Saint-Flour (depuis évêque de Valence et archevêque d'Alby), posait la première pierre du nouvel établissement, dans laquelle on plaça une boîte renfermant : 1° le procès-verbal de la cérémonie, signé par les personnes notables de l'assistance; 2° un parchemin contenant les noms des directeurs et des élèves qui étaient alors au Séminaire; 3° enfin une médaille commémorative de la cérémonie. Cette médaille est de forme elliptique, et présente sur sa face principale une arcature romane, derrière laquelle on découvre au second plan la perspective du nouvel édifice. L'arcature est surmontée d'une image de la très-sainte Vierge tenant entre ses bras l'Enfant-Jésus et ayant deux anges à ses côtés. Autour on lit cette double légende : *Protegetur sub tegmine Mariæ. Sedete hic quousque induamini virtute ex alto.* Le revers de la médaille porte sur le bord ces mots : *Fundamenta ejus in montibus sanctis. Prope Forverium, in terra martyrum,* et dans le champ on lit cette autre inscription :

D. O. M.

Auspice Immaculata Deipara. S. Irenæo, patrono, Pio IX Pontif

— 14 —

ou qui restent encore dans ce vaste diocèse de Lyon, combien qui ont été envoyés par lui dans les congrégations religieuses ou dans les missions étrangères ? Plusieurs même sont devenus évêques, et ils entretenaient avec M. Duplay des relations suivies, qui témoignent de leur confiance, de leur estime et de leur vénération pour le digne supérieur. Mgr Odin, archevêque de la Nouvelle-Orléans, devint son ami après avoir été son élève et son pénitent, et nous avons entre les mains beaucoup de lettres écrites par le vénérable prélat. A ce nom (pour ne citer que ceux qui ne sont plus), nous pouvons encore ajou-

---

Max., Napoleone III Francorum imperatore, H. Fortoul rerum ecclesiasticarum ministro, C. Vaïsse senatore Rhodanicæ regionis administratore, J.-L. Duplay San-Sulpiciano, vicario generali, instituti moderatore, Eminent. ac Reverend. L. J. M. de Bonald Cardin. Archiep. Lugdun. et Vienn. Galliæ primas, seminarii metropolitani sua cura reædificati, cum magno cleri populique plausu, primarium hunc lapidem feliciter posuit, nonis Julii, die sabbati, in Vigilia S. Irenæi, anno D. MDCCCLV. A. Desjardins, architect.

Son Eminence Mgr le cardinal était absent le 7 juillet, et la cérémonie fut renvoyée au 14 du même mois.

Les travaux une fois commencés furent exécutés avec la plus grande rapidité, si bien que le 13 octobre 1859, M. le Supérieur et MM. les directeurs purent en prendre possession ; mais la communauté n'y entra que la veille de la Toussaint.

Toutefois le Séminaire ne devait être complètement terminé que deux ans plus tard ; et encore il restait à construire la chapelle, dont la première pierre fut posée le 7 octobre 1855, par Mgr Chalandon, archevêque d'Aix, délégué de Son Eminence Mgr le cardinal de Bonald. Elle fut achevée à la fin des vacances de 1857, et consacrée solennellement le jour de la Dédicace de toutes les églises, par Son Eminence le cardinal de Bonald, assisté de Mgr de Charbonnel, ancien évêque de Toronto, qui avait été précédemment confrère de M. Duplay au séminaire de Saint-Irénée. La construction de la chapelle est due en très-grande partie à la générosité du clergé.

ter ceux du cardinal Villecourt ; de Mgr Bataillon, évêque d'Enos ; de Mgr Blanc, archevêque de la Nouvelle-Orléans ; de Mgr Retord, vicaire apostolique du Tong-King ; de Mgr Pavy, évêque d'Alger; de Mgr Viard, évêque de Wellington ; autant d'apôtres chers au diocèse de Lyon, et qui honoraient M. Duplay de leur respectueuse amitié.

Supérieur, comme il a su gouverner, administrer sa maison avec cette fermeté qui maintient les règles, et aussi avec cette douceur, cette suavité qui gagne les cœurs! Tous les prêtres qui l'ont connu aiment à se rappeler sa parole simple, difficile même et embarrassée, et cependant si persuasive, parce qu'elle était toute imprégnée de la sainte Ecriture, à laquelle il savait mêler les pensées les plus délicates, les comparaisons les plus ingénieuses. Ceux qui avaient déjà quitté le Séminaire voulaient se donner le plaisir de l'entendre encore, et ils venaient souvent se mêler aux séminaristes pour assister à la lecture spirituelle et à la glose du vénérable Supérieur.

Il dut administrer le Séminaire dans des temps bien difficiles. En 1848, il eut la douleur de le voir envahi par les *voraces*, comme 22 ans plus tard, en 1870, et dans ces deux circonstances, il sut toujours être à la hauteur de la situation. Il racontait lui-même qu'en 1848, il recevait souvent des nouvelles très-alarmantes par des lettres anonymes ou signées de personnes honorables, qui tenaient à l'avertir des projets hostiles dirigés contre le Séminaire ; il gardait pour lui seul toutes ces communications, sans en rien dire même à ses confrères, afin de ne pas les inquiéter ; et, par sa prudente réserve, aussi bien que par la fermeté de son attitude et par une résistance passive, il sut conjurer de grands malheurs. Les voraces tenaient alors un club permanent au grand séminaire, et, un soir, il leur prit fantaisie de compléter leur ivresse aux frais de la maison. On mande M. le Supérieur ; on réclame à grands cris les clefs de la cave. — *Je ne puis vous les remettre.* — Le chef de la bande porte alors le pistolet sous la gorge de M. Duplay. — *Vous ne les aurez pas : c'est contre la règle. Voilà toute ma réponse.* — Cette fois, le droit prima la force ; car ces farouches ivrognes se retirèrent confondus par la ferme attitude de cet humble prêtre.

En 1870, sa démission, quoique donnée et acceptée, n'était pas encore connue du public le jour même du 4 septembre ; il dut donc recevoir encore la visite de trois cents *voraces* qui vinrent renouveler les scènes de 1848. *Cette fois, vous ne nous échapperez pas,* dit le chef de la bande, en s'adressant à M. Duplay. — *Oh ! je vous reconnais bien,* dit le vénérable Supérieur ; *mais je ne vous crains pas plus ici qu'au Séminaire de la Croix-Paquet, parce que Dieu sera toujours plus fort que vous.* Cependant le Séminaire fut pillé, les portes enfoncées, la chambre du Supérieur dévalisée, le Supérieur lui-même gardé à vue ; un de ces malheureux osa même porter la main sur lui, et comme partout on lui demandait s'il n'avait pas eu peur : *Non,* dit-il, *je ne craignais qu'une chose, c'était qu'il ne me donnât la gale.* Dès le lendemain la persécution était organisée dans la *commune* de Lyon contre les membres du clergé et des diverses congrégations religieuses ; tous les ecclésiastiques se virent obligés de prendre un habit laïc, et le vénérable M. Duplay fit comme les autres ; c'était la première fois qu'il se déguisait depuis qu'il avait pris la sainte soutane ; aussi deux jours après il insista efficacement auprès de ses confrères pour la reprise complète du costume ecclésiastique, et depuis il ne l'a plus abandonné, malgré les mauvais jours qui devaient se succéder encore durant plusieurs mois.

Vicaire général et membre du Conseil archiépiscopal, M. Duplay était pour l'administration diocésaine, une lumière précieuse ; les trois archevêques qui se sont succédé sur le siége primatial de Lyon ont voulu tous profiter de sa prudence, de son expérience, de sa science théologique et de la connaissance intime qu'il avait, soit des différentes paroisses, soit des ecclésiastiques eux-mêmes, et nous savons que sa parole a toujours été écoutée comme l'était celle d'un saint, qui pèse tous ses conseils dans la balance du sanctuaire.

La réputation si méritée de sagesse, qui caractérisait les conseils et les décisions de M. Duplay, n'était pas limitée au diocèse de Lyon ; au loin on parlait encore de la prudence du Supérieur du séminaire de Saint-Irénée, et dans beaucoup de circonstances difficiles, on a eu recours à lui. « Lorsque je faisais ma
« troisième année de théologie, nous écrit un digne
« ecclésiastique, je servis de secrétaire à M. Duplay,
« qui souffrait beaucoup d'un tremblement nerveux,
« et j'étais étonné de voir le nombre des vicaires gé-
« néraux et même des évêques de France, qui tenaient
« à avoir l'avis du sage et regretté Supérieur. »

Enfin, même après qu'il se fut démis de la supériorité, M. Duplay a voulu continuer son travail et ses services ; il semblait que l'heure du repos eût sonné, et certes il l'avait bien mérité! Mais son zèle ne lui permettait pas de rester inactif. Il ne voulait plus d'autorité; mais il tenait à accomplir ce qu'il regardait comme son devoir, assistant à tous les exercices du Séminaire et prenant sa part des charges communes qui incombent à tous les Directeurs. Quel puissant stimulant donné à la jeunesse cléricale, que l'exemple de ce vieillard nonagénaire, venant chaque matin dans la salle d'oraison ; prenant toutes ses récréations, toutes ses promenades avec les séminaristes; assistant à tous les offices ; refusant de prendre ses repas dans sa chambre ; voulant à son tour donner son sermon dans les retraites ou son petit mot la veille des dimanches et fêtes ! Cette année encore, en dépit de ses quatre-vingt-dix ans, il voulut prêcher à la retraite qui suit la rentrée, et le premier dimanche de l'Avent il donnait son dernier sujet d'oraison.

Bien plus, il ne reculait pas devant la longue fatigue des dominicales, des examens, soit canoniques, soit semestriels ; il arrivait toujours le premier aux séances, et il n'en manquait pas une seule minute, quelle que fût la saison, quelque besoin aussi qu'il eût de son temps, pour la récitation de son Bréviaire. Jusqu'à la fin de sa carrière, il a accepté des pénitents à qui il faisait très-régulièrement la direction ; quand ils célébraient leur première messe, son bonheur était de les assister, sans vouloir jamais accepter qu'on l'aidât ou qu'on le soulageât pour l'accomplissement d'une fonction si chère à son cœur paternel, et dont il se croyait redevable envers ceux qu'il avait engendrés au sacerdoce.

Dans sa retraite, M. Duplay ne se bornait pas aux travaux du Séminaire ; il voulait encore avoir sa part de ceux qui intéressent plus directement le diocèse. Cette année (au mois de septembre), on inaugura le nouveau mode d'examen imposé aux jeunes prêtres par les statuts synodaux ; aussi préoccupé de cet examen que ceux qui en étaient l'objet, plusieurs mois à l'avance il en prépara les matières, dont quelques-unes étaient nouvelles pour lui, et il suivait scrupuleusement les indications du programme pour certains ouvrages parus dans ces derniers temps et qui lui étaient tout à fait inconnus. Pendant les retraites pastorales, il se mettait à la disposition des nombreux ecclésiastiques qui voulaient s'adresser à lui, et quand on lui parlait de ses fatigues : *Je n'ai rien à faire,* disait-il, *il faut bien que je me rende utile de cette manière. Au reste, n'ayant plus à accompagner Mgr l'Archevêque comme lorsque j'étais Supérieur, je suis plus libre de mes loisirs, et je puis me reposer ou réciter mon Bréviaire pendant le temps consacré aux instructions.*

III

VIE INTÉRIEURE DE M. DUPLAY. — SES VERTUS.

1° *Son abnégation.*

Nous venons de résumer la vie extérieure de M. Duplay ; mais il nous faut pénétrer plus avant dans le secret de son âme, afin d'y saisir les dispositions habituelles qui ont le plus contribué à sa sainteté. Ce qui nous a toujours le plus frappé en lui, c'est l'abnégation qu'il faisait de sa propre personne, en même temps qu'il se montrait plein de bonté pour les autres ; c'est, par-dessus tout, l'amour qu'il avait de Dieu, de l'Eglise et des âmes.

Tous ceux qui ont approché M. Duplay, savent combien ce saint prêtre s'oubliait lui-même dans ses diverses fonctions : c'était, on peut le dire, l'humilité vraie, l'humilité pratique, humilité qui le rendait constamment égal à lui-même, parce que, le devoir accompli, il devenait indifférent à tout, même à ce qui le touchait personnellement, pour ne plus voir que la très-adorable volonté de Dieu. Cette abnégation qui ne permit jamais de constater en lui, ni la vaine satisfaction après le succès, ni la tristesse et le découragement dans les épreuves, devint plus visible encore quand il se fut démis des fonctions de Supérieur. Il n'avait accepté la supériorité que par obéissance ; plusieurs années avant 1870, il avait demandé à l'obéissance de l'en décharger, sans avoir cette faiblesse, commune à beaucoup d'autres, qui s'obstinent à garder les rênes que leur main sénile ne peut tenir. M. le Supérieur de Saint-Sulpice différa quelques années encore d'accéder à cette demande ; mais en 1870, les circonstances rendant beaucoup plus difficile la direction du Séminaire, M. Icard, directeur de Saint-Sulpice, écrivit, d'après le conseil de M. Caval, supérieur de la Compagnie, alors absent de Paris, une lettre à M. Duplay, pour lui demander s'il était toujours dans les mêmes intentions. Dès le lendemain du jour où il avait reçu cette communication, M. Duplay fit à M. Icard la réponse suivante, qui dépeint bien sa simplicité et son abnégation : « Très-vénéré
« confrère, j'ai reçu votre bonne lettre dans laquelle
« vous me rappelez les ouvertures que j'avais faites

« à notre honoré Père, il y a déjà quelque temps, re-
« lativement à ma démission et à mon remplacement.
« Depuis lors je n'ai pas cessé de penser à cela de-
« vant Dieu. La diminution de mes forces, mes infir-
« mités et le grand nombre de nos élèves m'en fai-
« saient un devoir. Peut-être ai-je trop tardé sous un
« prétexte ou sous un autre ; aujourd'hui ma réso-
« lution est enfin prise. Votre bonne lettre est une lu-
« mière du ciel que je me hâterai de suivre. Puissé-
« je, en le faisant et en profitant du peu de temps qui
« me reste à vivre, me disposer à une bonne mort !
« Dès qu'on m'aura donné un successeur, je tâcherai
« de lui obéir fidèlement et de ne lui faire en rien au-
« cune peine. Faites pour le mieux, vous et notre très-
« honoré Père ; avec l'assistance divine, je suis dis-
« posé à tout. »

On lui donna en effet un successeur, en le priant de le présenter lui-même aux Directeurs du Séminaire et de l'installer ; il s'empressa de faire tout cela avec une simplicité et une humilité dont ses confrères furent vivement touchés. Quelques jours après un directeur du séminaire de Saint-Irénée écrivait à M. Icard, aujourd'hui supérieur général de Saint-Sulpice :
« M. Duplay a déposé la supériorité, absolument
« comme s'il s'était agi d'un autre et que la chose ne
« le regardât pas : il nous a édifiés par sa simplicité,
« et nous a promis de donner à l'avenir de *meilleurs*
« *exemples* que par le passé (1). » Bien loin de causer

(1) Un vénérable prêtre du diocèse de Lyon, qui faisait son séminaire en 1841, à l'époque où M. Gardette devint démissionnaire, nous a dit que ce dernier exprimait hautement son bonheur de ne plus sentir sur ses épaules le fardeau de la supériorité ; et comme on lui reprochait d'une manière aimable son défaut de charité à l'égard de

le moindre embarras à son successeur, il ne songea plus qu'à disparaitre, qu'à s'effacer, pour établir et relever son autorité. « *Je ne suis plus rien,* » aimait-il à répéter souvent, et non-seulement il évitait de prendre l'initiative en quoi que ce soit, mais même il émettait son avis avec la plus grande réserve, et presque toujours il s'en rapportait à la sagesse du Supérieur. On l'a entendu plusieurs fois s'écrier, dans un naïf épanchement de son cœur: *Je n'ai jamais vu le Séminaire aller aussi bien qu'il va maintenant.*

Que d'instances il fit auprès de M. le Supérieur général de Saint-Sulpice pour obtenir qu'on lui permit de quitter sa chambre ! *Une simple cellule de séminariste, voilà tout ce qu'il me faut.* On sait ce qu'était cette chambre du Supérieur, habitée par M. Duplay. Il suffisait d'y jeter un coup d'œil, pour voir aussitôt qu'on se trouvait en face d'un disciple du Dieu de la crèche. A part quelques gravures qu'on avait placées malgré lui, on y eût vainement cherché des objets de luxe ; le nécessaire ne s'y trouvait même pas : quelques chaises de paille, deux mauvais fauteuils, un prie-Dieu, un bureau et une petite table comme celles qui sont dans les chambres des séminaristes ; voilà tout ce qui en composait l'ameublement.

Il refusait obstinément tous les honneurs, toutes

---

son successeur : « *M. Duplay fera comme moi, dit-il, quand il aura porté ce fardeau pendant 29 ans, il aura le droit de le déposer à son tour;* et, ajoutait cet ecclésiastique plusieurs semaines avant la mort de M. Duplay, *pourvu que le parallèle ne se continue pas.* Il s'est en effet continué : M. Duplay fut supérieur 29 ans, de 1841 à 1870, comme M. Gardette l'avait été de 1812 à 1841. Tous deux furent également démissionnaires pendant sept ans : M. Gardette depuis le mois de juillet 1841 jusqu'au 16 août 1848, et M. Duplay du 4 septembre 1870 au 17 décembre 1877.

les préséances qui lui étaient si légitimement dus, et quand M. le Supérieur insistait pour qu'il prît la première place, il se retirait avec une admirable simplicité. *Je n'en ferai rien*, disait-il, *il faut bien que vous obéissiez vous-même quelquefois*. M. Duplay pratiquait admirablement ces deux maximes des saints : *ne jamais parler de soi, ne parler des autres qu'en bien*. « Je me
« suis souvent promené avec ce vénérable Père, pen-
« dant la récréation du soir, nous écrit un ecclésiasti-
« que, et je m'attachais spécialement à remarquer si
« je le prendrais en défaut sur l'un ou l'autre de ces
« points. Je n'y suis pas arrivé. Un jour, pourtant, il
« avait commencé à se mettre en jeu : je triomphais ;
« mais mon triomphe fut de courte durée, car l'his-
« toire qu'il racontait devait tourner à sa confusion. »

On lui parlait un jour de lui faire obtenir la décoration de la Légion d'honneur, que tous les prêtres eussent été si heureux de voir placée sur sa poitrine, et qu'il avait si bien méritée par ses longs services : *De quoi me serverait tout cela ?* répondit-il, *j'ai la croix de Notre-Seigneur, elle vaut mieux que toutes les autres. Maintenant je n'ai plus à désirer qu'une chose, c'est qu'il daigne me recevoir dans son paradis.* On nous a même dit que des personnes influentes avaient commencé à agir dans ce but, et que leurs négociations avaient complétement échoué contre le refus obstiné du trop modeste Supérieur.

Au commencement du mois d'octobre 1870, les bâtiments du séminaire Saint-Irénée furent transformés en caserne, et on y logea successivement trois légions de mobiles, composées chacune d'environ deux mille hommes. Mais que faire des séminaristes qui avaient déjà passé trois mois dans leurs familles, et qui s'y trouvaient exposés à des dénonciations et à des insultes journalières, surtout depuis le décret du gouvernement de la défense nationale, qui appelait sous les drapeaux tous les jeunes gens et même les hommes mariés âgés de moins de 35 ans ? M. Duplay conçut le premier l'idée de les distribuer dans les petits séminaires du diocèse avec deux ou trois directeurs. Cette idée, qui paraissait d'abord peu pratique, ne tarda pas à réunir tous les suffrages; elle eut surtout l'entière approbation de Mgr Ginoulhiac, qui gouvernait alors le diocèse de Lyon, et dès les premiers jours de novembre, elle était réalisée à la grande satisfaction et pour le plus grand bien des jeunes gens, qui eurent ainsi l'avantage de continuer leurs études ecclésiastiques, sans compromettre leur vocation (1).

Nous sommes heureux d'avoir ici l'occasion de témoigner publiquement notre reconnaissance à MM. les supérieurs et professeurs des petits séminaires qui nous ont donné une si généreuse hospitalité. Mais quelle serait la part de M. Duplay dans ce nouvel arrangement? Il s'offrit le premier pour demeurer à Lyon avec celui de ses confrères qui avait été plus spécialement chargé de veiller sur les intérêts temporels du Séminaire ; il demanda seulement quelques jours pour aller voir sa famille, et quand le jour fixé pour le retour fut arrivé, il revint, malgré les instances qu'on lui fit pour le décider à rester au milieu

---

(1) Les jeunes gens qui avaient déjà commencé leurs études ecclésiastiques furent placés dans les petits séminaires de Verrières, Montbrison et Saint-Jodard. Ceux de première année furent placés plus tard à Saint-Germain-Laval, dans un établissement appartenant aux Religieuses de Saint-Charles.

des siens, dans une campagne tranquille, éloignée de tout bruit et de toute agitation. *Je ne puis pas demeurer en repos, pendant que les autres sont à la peine*, disait-il. Cependant il est facile de deviner toutes les peines qu'eut à endurer ce vieillard plus qu'octogénaire, obligé qu'il était de passer le jour dans le parloir, devenu sa chambre ; de demander pour la nuit l'hospitalité d'abord à la maison des Minimes, ensuite à la cure de Saint-Just (1) ; de faire plusieurs fois par jour ce trajet et par un hiver des plus rigoureux ; d'assister en quelque sorte à un second pillage du Séminaire ; d'entendre les injures de ceux qui accomplissaient ces actes de vandalisme. Et ce genre de vie, il dut le mener pendant près de six mois, jusqu'au 18 mars 1871, veille de la fête de saint Joseph, jour où la maison fut entièrement délivrée. Dans cet intervalle, il y eut des jours particulièrement dangereux ; c'était par moments le règne de la terreur, et tout le monde se rappelle l'expulsion des religieux, l'incarcération des magistrats, l'arrestation des généraux, l'interdiction des cérémonies du culte, l'obligation qu'on prétendait imposer aux ecclésiastiques de faire le service de la garde nationale ou de travailler aux fortifications. Plusieurs prêtres voulaient alors persuader à M. Duplay de quitter Lyon, en lui représentant le danger qu'il courait, vu son âge avancé, dans le cas d'une émeute ou d'une persécution plus ouverte. Mais il ne voulut jamais y consentir ; quelque triste que fût la situation, il gardait tout son calme, toute son énergie, et dans les moments plus difficiles, il savait avec beaucoup d'à-

(1) On se rappelle que l'institution des Minimes fut pendant plusieurs mois transformée en fabrique de cartouches.

propos se consoler lui-même, consoler son confrère par la citation des passages de la sainte Ecriture les mieux appropriés à ces temps malheureux : *Habentes solatio sanctos libros.* (I Macch., xii, 9.) *Quæcumque scripta sunt, ad nostram doctrinam scripta sunt, ut per patientiam et consolationem scripturarum, spem habeamus.* (Rom., xv, 4.)

Même dans ses dernières années, M. Duplay ne voulut jamais, par esprit d'humilité et d'abnégation, accepter, ni un domestique spécialement attaché à sa personne, ni ces soins plus particuliers qu'on devait lui offrir à raison de son grand âge, et même pour prévenir certains accidents qui arrivent si facilement aux vieillards. Il voulait toujours se rendre à pied à la maison de campagne du Séminaire, éloignée cependant de plus de quatre kilomètres, et si à la fin il crut devoir accepter une voiture de louage, c'était moins pour lui que pour un autre confrère infirme, à qui il était heureux de rendre cet office de charité. Plusieurs fois même il trompa la vigilance dont on devait user à son égard ; quand il était seul, il avertissait le loueur de voitures de ne point se présenter, et il faisait à pied tout le chemin. *Quand on est vieux,* disait-il, *il ne faut pas perdre l'habitude de marcher.*

Durant les dernières années, spécialement pendant l'hiver, M. Duplay souffrait beaucoup des pieds et des mains ; sa chair s'excoriait et le moindre frottement lui occasionnait des douleurs très-vives, quelquefois même de véritables plaies. Un jour il en parla à un ecclésiastique du diocèse en qui il avait une grande confiance pour sa santé, et celui-ci lui dit que le seul remède serait de ne pas se lever avec la communauté, de faire son oraison dans sa chambre, et de ne point prolonger aussi longtemps son action de grâces après la sainte messe, ou de choisir une chapelle plus chaude. Jamais le vénérable Supérieur ne voulut y consentir. *Il faut,* dit-il, *que je sois avec la communauté ; plus je suis vieux, plus je suis tenu de lui donner le bon exemple, en me soumettant le premier à toutes les règles du Séminaire.*

Pendant longtemps on sollicita M. Duplay de laisser prendre son portrait, que sa famille et tant de prêtres eussent été si heureux de posséder ; mais il ne voulait pas y consentir. On arriva cependant à triompher de son humilité, par un stratagème que sa simplicité ne lui permit pas de soupçonner. Une année, pendant une de ses vacances, qu'il passait au pays natal, un prêtre, son compatriote et son ami, le fit poser à son insu, et le vénérable Supérieur fut tout étonné quand on lui remit entre les mains sa photographie, reproduite par un procédé que sans doute il ne connaissait guère.

Nous venons de parler de ses vacances. Jusque dans la manière dont il les prenait, M. Duplay savait encore réaliser cet esprit d'abnégation, d'oubli de lui-même. Jamais il ne faisait de grands voyages ; il ne visitait pas les séminaires voisins, où ses confrères eussent été si heureux de le recevoir ; il n'allait à Paris que lorsque les affaires ou les intérêts du Séminaire l'exigeaient impérieusement. Il eût volontiers fait le voyage de Rome, et un jour il exprimait ce désir aux séminaristes avec qui il passait sa récréation : *Seulement, sur ce point comme sur tous les autres, je ne veux pas faire ma volonté, et je n'agirai que par obéissance.* Ses goûts simples et modestes l'entraînaient de préférence dans sa petite paroisse de Jonzieux, où s'étaient écoulées les années de son enfance. Il eût pu visiter tous les membres de sa famille disséminés dans les paroisses voisines, ou les prêtres des environs qui l'eussent accueilli et fêté comme un père ; mais il n'acceptait aucune invitation et il aimait mieux demeurer dans la maison paternelle, au milieu de ses anciens souvenirs qu'il aimait à ressusciter. Le temps qu'il ne donnait pas à ses exercices de piété, il le consacrait presque exclusivement à la conversation ou à la promenade. Son bonheur était de contempler ses *sapins*, ses prairies, ses moissons, ou de suivre, d'étudier les améliorations qu'on pouvait réaliser dans un domaine. Il était même très-compétent dans ces matières, et souvent il a pu donner, au Séminaire ou dans sa famille, des conseils très-utiles. *Il me semble*, disait-il, *que si Dieu ne m'avait pas fait la grâce précieuse de m'appeler au sacerdoce, j'aurais pu devenir un bon agriculteur.*

2° *Charité de M. Duplay.*

Mais plus M. Duplay s'oubliait lui-même, plus il s'étudiait à pratiquer la charité envers les autres. Jamais on ne l'a entendu prononcer une parole vive ou amère contre qui que ce soit, et lorsque dans la conversation il remarquait une tendance plus ou moins prononcée au blâme ou à la critique, il s'arrêtait aussitôt, témoignant par son silence de la résolution énergique qu'il semblait avoir prise de ne rien dire, de ne rien faire qui pût offenser le prochain. Dans la discussion, dans l'étude préalable de certaines mesures qui intéressaient le bien du Séminaire, il donnait très-nettement son avis ; mais il évitait avec le plus grand soin tout ce qui, pour le fond ou pour la forme, eût pu blesser ses contradicteurs, et s'il croyait avoir excédé la mesure, il en demandait humblement pardon à ses confrères. Il disait souvent qu'il avait une dévotion particulière envers saint Jean l'évangéliste, à cause de son grand âge, et aussi parce que cet Apôtre lui offrait la leçon comme l'exemple de la charité. Il aimait à répéter souvent sa sentence favorite : *Filioli, diligite alterutrum, quia præceptum Domini est, et si solum fiat, sufficit.*

Son premier abord n'était pas très-encourageant ; mais cette froideur, plus apparente que réelle, était l'effet de sa timidité, et on ne tardait pas à s'apercevoir qu'il avait un cœur plein de bonté. Il avait pour ses confrères les attentions les plus délicates, demandant avec sollicitude des nouvelles de leur santé ; les visitant dans leurs maladies ; passant alors avec eux toutes ses récréations, leur offrant de les remplacer, et, au besoin, exigeant d'eux les précautions qu'il jugeait nécessaires ou utiles pour la conservation ou le rétablissement de leur santé. *Nous n'avons pas besoin de vos jeûnes*, dit-il un jour à l'un de ses confrères qui voulait faire son carême, *mais nous avons besoin de votre travail.*

Ce dévouement qu'il avait pour MM. les Directeurs, M. Duplay le témoignait également aux séminaristes : il s'informait de leur situation de famille, et quand il les savait nécessiteux, il était heureux de venir à leur secours ; il leur fournissait de l'argent, des livres, des vêtements ; il usait même de petites industries, afin de se procurer des ressources qui lui permissent d'étendre davantage sa charité, sans aggraver les charges du Séminaire.

Cette bonté, qui était en M. Duplay le résultat des plus constants efforts, il la témoignait encore dans les récréations, qu'il prenait indistinctement avec tous les séminaristes. Quel beau spectacle que celui de ce bon vieillard, se mêlant à des jeunes gens de vingt ans, se faisant tout à tous, voulant partager leurs divertissements, leurs conversations, et s'ingéniant à leur faire passer agréablement l'heure qui y est consacrée! Pendant longtemps les élèves de Saint-Irénée aimeront à se rappeler cette mémoire si sûre, si bien conservée, qui savait trouver tant d'anecdotes intéressantes; cette bonhomie, qu'il fallait cependant accepter sous bénéfice d'inventaire; cette simplicité qui croyait tout le bien sans jamais soupçonner le mal; ce sens droit, pratique, qui voyait vite et juste; cette prudence consommée, qui ne donnait point dans les écarts; cette réserve éprouvée, qui même dans les derniers temps ne laissait échapper aucun secret, et aussi cette finesse, qui se traduisait en bons mots, en joyeuses plaisanteries, en reparties spirituelles. Il y avait en M. Duplay quelque chose de saint François de Sales, et ceux qui l'ont connu savent quelle riche collection on pourrait faire des paroles aimables, des comparaisons ingénieuses, des observations délicates, des remarques judicieuses, sorties de la bouche du vénérable Supérieur. Pour en arriver à ce degré de vertu, il avait souvent médité les caractères de la charité : *Charitas patiens est, benigna est, charitas non æmulatur, non agit perperam, non inflatur, non est ambitiosa, non quærit quæ sua sunt, non irritatur, non cogitat malum, non gaudet super iniquitate, congaudet autem veri-*

tati ; omnia suffert, omnia credit, omnia sperat, omnia sustinet. (I Cor., XIII, 4, 5, 6, 7.)

On nous saura gré de réunir ici quelques-unes des paroles de M. Duplay qui montrent bien son esprit, sa gaieté, en même temps qu'elles témoignent de sa charité et de sa délicatesse.

Un jour M. le Supérieur général de Saint-Sulpice le félicitait d'être le doyen de la Compagnie : *c'est là*, répondit-il, *un honneur dont je me passerais bien, mais qui m'avertit de me tenir toujours prêt à partir.*

En quittant le séminaire de Saint-Irénée pour se rendre à la paroisse de Saint-Sulpice, son successeur lui exprimait toute son affection et toute sa reconnaissance pour les bontés dont il avait été l'objet ; il le priait aussi de lui pardonner toutes les peines volontaires ou involontaires qu'il aurait pu lui causer. *Vous ne m'avez jamais fait aucune peine*, dit M. Duplay : *la première date seulement d'aujourd'hui, parce que c'est celle de votre départ.*

Le vénérable M. Empère, qu'il assista au cinquantième anniversaire de sa première messe, lui disait toutes les craintes qui agitaient son âme, dans la perspective du compte qu'il devait rendre à Dieu après une vie si longue. *Allons, allons, Monsieur le Curé : ce ne sont pas les plus effrayés qui ont les meilleures raisons de l'être.*

Il félicitait un jour l'un de ses confrères, qui, en 1871, pour l'ouverture du mois de Marie au petit séminaire de Verrières, avait donné un sermon très-fleuri. *Il paraît*, lui dit-il, *que vous avez voulu transplanter les fleurs de la Provence sur nos montagnes de la Loire.*

Dans sa maladie, un autre de ses confrères lui demandait s'il était content des séminaristes qui avaient été attachés à son service : *Oui*, dit-il, *très-*

content, et puis-je ne pas l'être, quand vous les avez vous-même choisis ?

Il aimait à faire d'innocentes et joyeuses plaisanteries. Un jour, pendant que M. Gardette était encore supérieur, il vint lui dire qu'une mère de famille s'était introduite dans la maison avec ses enfants. M. Gardette, qui était inflexible sur tous les points de la règle, mais particulièrement sur l'article qui interdit l'entrée de la maison aux personnes du sexe, sort de sa chambre tout ému, et veut vérifier lui-même l'existence du délit. *Voyez*, dit M. Duplay, en lui montrant une poule qui se trouvait dans le jardin entourée de ses jeunes poussins, *vous pouvez constater la violation de la clôture.*

En 1848, MM. les Directeurs et les séminaristes furent appelés à voter pour les membres de la nouvelle Assemblée constituante, et ils devaient se rendre dans une salle du Grand-Théâtre : l'élection se faisait un dimanche. A son retour, M. Duplay s'empresse d'aller voir M. Gardette, et lui raconte qu'il vient de conduire la communauté à la comédie. Le rigide M. Gardette ne pouvait s'expliquer un tel relâchement dans la discipline, et il exprimait amèrement toute la peine de ce qu'il déplorait comme un *signe des temps malheureux* où l'on se trouvait alors. M. Duplay se donnait ensuite le plaisir de rassurer le vénérable vieillard en lui racontant l'événement extraordinaire qui avait motivé une dérogation si considérable à l'ordre de la maison.

M. Duplay ne connaissait pas la politesse mondaine, extérieure, qui s'arrête à de froides formules, à de vaines et stériles démonstrations ; mais il possédait à un haut degré la politesse vraie, cette politesse qui a son principe dans la charité, la modestie et la mortification. Il accueillait avec bonté tous ceux qui venaient le voir, et s'ils demeuraient quelque temps au Séminaire, il ne tardait pas à leur rendre sa visite. Il agissait ainsi vis-à-vis de ses confrères, et il était heureux de trouver une occasion qui lui permit de s'entretenir avec eux. Une année il fut prévenu par son successeur dans la supériorité, qui, accompagné de tous les Directeurs, venait dans sa chambre lui offrir ses vœux et ses souhaits; mais, l'année suivante, M. Duplay avait pris ses précautions afin de ne point être devancé, et, depuis, il a toujours été le premier à s'acquitter de ce qu'il regardait comme son devoir. *Chaque fois que je vois votre digne Supérieur*, nous disait un jour un vicaire général qui a donné plusieurs retraites ecclésiastiques dans le diocèse de Lyon, *je ne puis m'empêcher d'admirer sa politesse! Comme il rappelle bien les hommes et les choses de l'ancien temps!* C'est qu'en effet M. Duplay était né avant les principes de 89, et il témoignait son respect à tout le monde, même à des domestiques, même à de petits enfants; jamais il n'a tutoyé personne, ni les membres de sa famille, ni aucun étranger, et il avait à cœur de protester, par son exemple, contre une habitude malheureuse, malheureusement trop répandue.

Rien ne prouve mieux la bonté de M. Duplay que l'affection dont il était environné par tous les ecclésiastiques. Dans le cours de sa longue vie, il a vu se renouveler deux ou trois fois le personnel du clergé; mais on peut le dire sans crainte d'être démenti, il n'a pas eu un seul ennemi parmi ces milliers de prêtres qui l'ont connu; tous au contraire aimaient cette nature si droite, ce dévouement si désintéressé, ce cœur qui se donnait sans acception de personne, et ils le prouvaient bien, lorsque pendant les vacances ils demandaient avec tant d'empressement, aux séminaristes, des nouvelles de celui qui était pour eux comme la personnification du séminaire de Saint-Irénée ; lorsque, dans les retraites ecclésiastiques, ils aimaient à se presser nombreux autour de lui, et ravivaient leurs communs souvenirs. On l'a dit, quand cette foudroyante annonce : *M. Duplay n'est plus, la mort vient de le frapper,* a retenti jusqu'aux extrémités de ce vaste diocèse, un cri de douleur s'est échappé du cœur de ses deux mille prêtres ; car tous l'ont connu, tous le vénèrent ; il en est peu qui ne l'aient eu pour supérieur et pour père. (*Semaine Catholique,* n° du 21 décembre.)

3° *Amour de M. Duplay pour Dieu, pour l'Eglise, pour les âmes.*

Telle a été la charité du vénérable Supérieur envers le prochain ; mais que dirons-nous de son amour pour Dieu, pour l'Eglise et pour les âmes ?

La piété de M. Duplay n'était ni sensible ni affective ; mais elle était solide comme sa foi, solide comme cette raison que Dieu lui avait donnée, et qui ne lui permit pas de se faire illusion sur la juste valeur des choses. Appuyé sur ce fondement inébranlable, il faisait passer avant tout ses exercices de piété, et, soit pendant les vacances, soit pendant l'année, aussitôt après son lever (qu'il n'a jamais différé au delà de quatre heures et demie), les trois premières occupations de sa journée étaient invariablement l'oraison pendant une heure, la célébration de la sainte messe toujours suivie de vingt minutes d'action de grâces, et immédiatement après, la récitation de ses petites heures.

Quelle que fût sa fatigue, il montait chaque matin au saint autel, et si des empêchements majeurs l'obligeaient à se refuser cette consolation, il voulait du moins avoir celle de s'unir à Notre-Seigneur par la communion. Il semble que la journée n'eût pas été bonne pour lui s'il n'avait pas, le matin, fortifié son âme, en recevant le pain vivant descendu du ciel ! Ceux qui l'ont connu savent avec quelle scrupuleuse fidélité il observait les cérémonies et les rubriques : les signes de croix, les inclinations, les génuflexions, tout était exécuté lentement, posément, religieusement, et jusque dans ses dernières années, malgré une certaine raideur, suite nécessaire de sa grande vieillesse, il tenait à ne rien omettre de tout ce qui est demandé par les règles de l'Eglise. Intimement persuadé qu'à moins d'une vigilance constante, la routine, ce grand ennemi de la piété, de la sainteté sacerdotale, amène bientôt la négligence et l'oubli, il aimait à consulter ses confrères, à relire les avis qui se trouvent en tête du missel ou de l'*ordo*, et il priait encore son servant de messe de l'avertir charitablement de toutes les fautes qu'il aurait pu remarquer. Depuis qu'il n'était plus Supérieur, il avait cessé d'officier aux fêtes solennelles ; mais chaque année, lorsque revenait la fête du Sacerdoce, cette fête particulièrement chère aux séminaires de Saint-Sulpice, il acceptait volontiers l'invitation qui lui était faite d'offrir le saint sacrifice, environné de ses confrères pour assistants ; et le 21 janvier 1877, jour presque anniversaire de sa naissance, jour où il allait commencer sa 90ᵉ année, nous pouvions encore admirer la fermeté de sa démarche, la sûreté et la justesse de sa voix, son exactitude à accomplir toutes les prescriptions de la liturgie romano-lyonnaise.

Il apportait le même esprit de religion dans la récitation du saint Bréviaire; mais ici, il devait avoir de plus grands obstacles à surmonter. Le 17 mars 1864, un bref du Souverain Pontife avait obligé tous les sous-diacres et tous les prêtres qui seraient ordonnés à l'avenir, dans le diocèse de Lyon, d'adopter le Bréviaire et le Missel Romano-Lyonnais. Aussitôt, sans examen, sans discussion, le vénérable Supérieur ne voit plus qu'une chose, l'obéissance qu'il avait si souvent inculquée aux jeunes séminaristes : *Notre règle est toute tracée*, dit-il, *nous n'avons qu'à suivre la volonté du Souverain Pontife, qui nous est transmise par notre Archevêque.* Et il adopte lui-même le Bréviaire Romain, si différent de celui qu'il avait récité pendant plus de cinquante ans. Arrêté qu'il était par l'affaiblissement toujours progressif de sa vue, et surtout par d'anciennes habitudes qui lui rendaient plus difficile l'intelligence comme l'observation des Rubriques nouvelles, tout à fait inconnues pour lui, il consacrait à son office un temps très-considérable. Un prêtre lui ayant dit un jour qu'à raison de son âge, il aurait pu conserver son ancien Bréviaire : *Je ne blâme personne*, répondit-il, *mais pour moi Supérieur, je me regarde comme plus obligé que tous les autres, parce que je dois l'exemple à la communauté.* Durant la courte maladie qui devait terminer sa vie, sa grande, nous dirions presque son unique préoccupation, fut encore celle de son Bréviaire, qu'il aurait voulu réciter avec les séminaristes attachés à son service.

Les pratiques de dévotion adoptées par M. Duplay n'étaient pas très-multipliées ; elles se bornaient à ce qui constitue la base, la substance de la vie chrétienne, mais il en tirait un plus grand profit pour son avancement dans la sainteté.

C'est ainsi qu'il honorait particulièrement la sainte Passion de Notre-Seigneur ; il aimait à faire souvent le chemin de la croix et à baiser son crucifix. Plusieurs fois on l'a trouvé dans sa chambre à genoux, les bras étendus devant son prie-Dieu, unissant sa prière et son sacrifice au sacrifice et à la prière de Notre-Seigneur. Dans les confessions, il parlait souvent de l'amour de la croix ; c'est d'elle aussi qu'il s'inspirait quand il visitait les malades, quand il les exhortait à supporter chrétiennement leurs souffrances, mais surtout quand il les préparait à paraître devant Dieu. On pouvait alors admirer son ingénieuse piété qui, naturellement et sans effort, savait trouver les paroles les plus douces, les plus consolantes, les prières les plus affectueuses et les mieux appropriées à leur position. C'est que ce saint prêtre parlait de l'abondance du cœur : *Ex abundantia cordis os loquitur.* (Matt., XII, 36.) *Ubi thesaurus tuus, ibi est et cor tuum.* (Matt., VI, 21.) *Bonus homo de bono thesauro profert bona.* (Matt., XII, 35.)

Il avait aussi une dévotion toute particulière envers la très-sainte Vierge : en récitant le chapelet, il aidait sa piété par la méditation des mystères du Rosaire, consacrant successivement à chaque série deux jours de la semaine. Il avait encore des intentions spéciales pour chaque dizaine, et ceux qui ont eu parfois le bonheur d'accomplir avec lui cet exercice de piété, pouvaient admirer, soit l'à-propos, soit la variété de ses intentions, qu'il savait toujours adapter aux besoins les plus urgents du Séminaire, du diocèse, de l'Eglise, de la France. C'est ainsi qu'en 1870, au moment de nos grands désastres, il aimait à prier pour la patrie menacée ; il visitait le sanctuaire de Notre-Dame de Fourvière, et il avait coutume de dire, en montrant la statue de Marie Immaculée qui domine la ville : *Oh ! la bonne Mère sera plus forte que tous les ennemis de l'intérieur et de l'extérieur.* Plus il avançait en âge, plus sa dévotion envers Marie semblait prendre de nouveaux accroissements : chaque fois qu'on le rencontrait dans les corridors ou dans les escaliers, il tenait en main le chapelet, et pendant sa maladie, il voulait le réciter très-souvent. *Le démon*, disait-il, *voudrait détruire l'œuvre de Notre-Seigneur, mais Marie saura encore le vaincre : Ipsa conteret caput tuum.*

On a souvent parlé de l'amour de M. Duplay pour les saintes Ecritures. De bonne heure il éprouva cet attrait ; et nous savons que, jeune professeur, ne faisant que débuter au séminaire de l'Argentière, il avait partagé un exemplaire du Nouveau Testament en un certain nombre de petits cahiers qu'il portait toujours sur lui, *afin*, disait-il, *de pouvoir apprendre et méditer le texte sacré, dans le passage d'un exercice à un autre.* Cette sainte *passion*, il l'a eue pendant toute sa vie, et il était arrivé à posséder une connaissance si approfondie de la sainte Ecriture, que ses sermons, ses sujets d'oraison, ses gloses, ses lectures spirituelles, ses directions, ses exhortations dans la confession n'étaient qu'un tissu de passages de la Bible admirablement enchaînés, mais surtout très-appropriés au but qu'il se proposait. Il lisait peu les commentaires ; il aimait mieux étudier le texte lui-même, il se l'assimilait, il le faisait en quelque sorte passer dans sa propre substance. Il consacrait des heures entières à cette étude et, plus d'une fois, on aurait pu lui appliquer littéralement la parole de saint Jérôme : *Tenenti sacrum codicem somnus obrepat, et cadentem faciem pagina sancta suscipiat.* (S. Hieronym.) Il la recommandait encore beaucoup aux séminaristes et aux prêtres ; détail bibliographique sans doute peu connu, c'est lui qui suggéra à un éditeur de Lyon la pensée de réunir dans un même ouvrage le texte de la Vulgate, la traduction française du P. de Carrières et les commentaires en latin de Menochius. L'expérience a prouvé combien cette idée était heureuse et féconde.

Un prêtre, ainsi pénétré et nourri de la sainte Ecriture, devait nécessairement être un homme de foi. Grâce à sa première éducation, cette vertu avait été de bonne heure imprimée dans l'âme de M. Duplay; mais, à mesure qu'il avançait en âge, elle y jetait des racines plus profondes, et on peut dire de lui qu'il avait mis de côté le *sens humain* pour ne plus voir, pour ne plus juger les choses que d'après l'Evangile et les maximes de Notre-Seigneur. La foi était le principe de sa conduite, *Justus ex fide vivit* (Rom., I, 17); elle lui dictait aussi les décisions qu'il devait donner, les appréciations qu'il fallait porter sur les hommes, les choses et les événements, et il suffisait de causer un instant avec lui pour s'apercevoir qu'il vivait habituellement dans une atmosphère supérieure. Jusque dans ses conversations les plus familières, il laissait percer cet esprit de foi : **Dieu partout, Dieu en tout**, c'était sa maxime favorite. Nous croyons même pouvoir dire que s'il a tant aimé la campagne, c'est qu'à l'exemple de saint François de Sales, il y voyait Dieu se révélant, se manifestant par ses œuvres. Volontiers il disait avec le Psalmiste : *Cœli enarrant gloriam Dei, et opera manuum ejus annuntiat firmamentum.* (Ps. XVIII, 2.) En contemplant les beautés de la nature, il lui semblait entendre la voix de Dieu, qui aime à se proclamer l'auteur de toutes ces merveilles. *Meæ sunt omnes feræ sylvarum, jumenta in montibus et boves. Cognovi omnia volatilia cœli, et pulchritudo agri mecum est.* (Ps. XLIX, 10, 11.)

C'est dans cet esprit de foi qu'il puisait le courage chrétien dont il a eu parfois besoin au milieu de ses épreuves. Il a signalé lui-même, dans un sujet d'oraison, une des saintes industries qu'il employait, quand il était malade et ne pouvait travailler : « J'ai soin, « disait-il, de repasser dans ma mémoire quelques « traits de la vie des saints ou des personnes qui « m'ont le plus édifié. D'autres fois je considère com- « ment le bon Dieu m'a protégé dans telle et telle « circonstance, et cela m'a toujours servi à chasser « l'ennui et la tristesse. »

Durant sa longue existence, que de vides se sont faits autour de sa personne ! En 1844, il perdit son frère aîné, M. Claude Duplay, le digne curé de Marlhes, dont nous avons dit un mot au commencement de cette notice. A la première annonce de la maladie, M. le Supérieur s'était rendu en toute hâte auprès de lui, afin de lui prodiguer tous les soins, tout le dévouement de sa charité, aidée et soutenue par les saintes industries du zèle sacerdotal. Aussitôt qu'il vit son frère entrer en agonie, il réunit autour de son lit ses

meilleurs amis. « Mon père eut cet honneur, » nous écrit un respectable ecclésiastique qui commençait alors ses études chez M. le curé, et qui fut lui-même témoin de cette scène touchante ; « nous étions tous
« en larmes, en pensant au père, au pasteur que nous
« avions le malheur de perdre. Seul M. Duplay ne
« pleurait point; debout comme Marie aux pieds de la
« croix, il retenait dans son âme tous les sentiments
« qui l'agitaient, et il offrait généreusement à Dieu
« le sacrifice cruel qui lui était imposé. Au dernier
« soupir de son frère, il se mit à genoux et dit sim-
« plement aux assistants : *Messieurs, l'âme de mon frère*
« *est devant Dieu. Récitons le* De profundis *pour qu'il lui*
« *soit fait miséricorde.* »

Dans les dernières années, il a vu disparaître successivement tous ceux qui avaient travaillé avec lui à l'œuvre du Séminaire : *Je suis*, dit-il, *comme saint Jean, qui a survécu à tous les Apôtres.* Il a vu de nouveau la mort pénétrer au sein de sa famille, et les derniers coups qu'elle a frappés n'ont pas été les moins sensibles pour son cœur. Nous avons été alors témoin des larmes qu'il a versées sur la tombe d'un neveu, d'une sœur tendrement aimés. Il a aussi pleuré amèrement la mort d'un confrère, d'un ami, avec qui il avait passé plus de cinquante ans dans le séminaire de Saint-Irénée. Tous les prêtres du diocèse savent les rapports intimes qui existaient entre M. Duplay et M. Denavit; ce dernier, après avoir été son élève, était devenu son confrère, et, pendant plusieurs années, il lui fut associé dans la direction du Séminaire. Le 16 octobre 1867, quand la mort vint ravir à M. Duplay cet ancien compagnon d'armes, on craignit qu'une perte si cruelle n'eût des suites fâcheuses pour sa santé.

Un moment, en effet, il parut ébranlé ; mais bientôt il appela la foi au secours de la nature, et il répétait alors : *Dominus dedit, Dominus abstulit ; sit nomen Domini benedictum.* (Job, L, 21.) Il voyait ensuite, dans ces morts répétées, un avertissement qui le regardait personnellement : *Mon tour viendra pourtant, mais je n'y pense pas assez ; je devrais me rappeler que notre corps ressemble à une maison, qui se démolit peu à peu, pierre par pierre, pour n'être bientôt plus qu'une ruine.* N'est-ce pas là le commentaire ingénieux de la parole de saint Paul : *Jam delibor et tempus resolutionis meæ instat.* (II Tim., VI, 6.) *Scimus... quoniam si terrestris domus nostra hujus habitationis dissolvatur, quod ædificationem ex Deo habemus.* (II Cor., V, 1.) En voyant les actes de vandalisme qui se commettaient au Séminaire en 1870, il disait : *Dieu sait ce qu'il nous faut. Après tout :* Nihil intulimus in hunc mundum, haud dubium quod nec auferre quid possumus. (I Tim., VI, 7.) Et comme on lui représentait l'importance de ces pertes : *N'avons-nous pas,* dit-il, *une foi plus grande que les Hébreux ? Cependant saint Paul félicitait ces derniers d'avoir supporté avec joie le pillage de tous leurs biens, parce que leur foi leur en montrait de plus excellents, des biens qui ne périront jamais.* Rapinam bonorum vestrorum cum gaudio suscepistis, cognoscentes vos habere meliorem et manentem substantiam. (Hebr., X, 33.)

Cet esprit de foi lui inspirait encore la plus grande confiance en Dieu et le plus filial abandon entre les mains de la Providence. Si on lui parlait des progrès du mal, de la prospérité toujours croissante des méchants, des dangers qui menacent l'Église et la société, il aimait à se rassurer lui-même, à rassurer les autres par le souvenir de toutes les révolutions dont il avait été témoin. Son extrême modération le mettait alors en garde contre les appréciations injustes, exagérées ; et tout en reconnaissant la part du mal, il voulait aussi qu'on fît celle du bien, qu'on reconnût les progrès de l'Eglise et les puissants motifs qu'on a d'espérer dans l'avenir. Mais il croyait par-dessus tout, à la justice de Dieu et au fidèle accomplissement de ses promesses. *Rira bien qui rira le dernier*, disait-il souvent. *Quis ut Deus ? Deus irridebit eos. Viri sanguinum et dolosi non dimidiabunt dies suos* (Ps. LIV, 24) ; et, faisant appel à ses anciens souvenirs, il racontait certains faits dont il avait été témoin dans sa jeunesse, et qui montrent comment Dieu sait toujours faire triompher sa cause en punissant dès cette vie, par des châtiments exemplaires, ceux qui veulent entraver ses desseins et la marche de son Eglise. *Exurge, Deus, et judica causam tuam.* (Ps. LXXIII, 22.) Rien n'était capable d'ébranler son courage ; il était au séminaire de Saint-Irénée lorsque, le 30 avril 1871, une lutte sanglante s'engagea entre les troupes régulières et les hommes de la révolution. Le combat venait de commencer à quelques pas du Séminaire, sur le pont de la Guillotière, et du haut de la terrasse on pouvait en suivre les diverses péripéties. Mais l'heure de la prière du soir a sonné. M. Duplay se rend alors à la chapelle, sans vouloir écouter ses confrères qui cherchaient à le retenir, et, la prière terminée, il remonte tranquillement dans sa chambre pour prendre son repos, sans s'inquiéter du bruit que font les canons et les mitrailleuses. *Il en sera ce que le bon Dieu voudra ; on n'est jamais mieux en paix qu'entre ses mains.* Le lendemain, on lui apprend le triomphe de la bonne cause : *Je l'avais bien dit, toutes les fois que le fusil part, il remet les choses en place.*

Dieu a laissé sur la terre une image vivante de lui-même : l'Eglise qu'il a rendue dépositaire de sa doctrine, de ses pouvoirs et de son autorité ; on peut le dire : après Dieu, c'est l'Eglise aussi que M. Duplay a le plus aimée et le mieux servie.

De bonne heure il se consacre au service de l'Eglise, et il le fait dans un temps où l'on pensait plus au recrutement des armées qu'à celui du sacerdoce ; où l'entrée dans le sanctuaire devait, plus encore qu'aujourd'hui, être regardée comme un engagement à une vie de dévouement et de sacrifice. Le Souverain Pontife était persécuté, les évêques emprisonnés. Deux mois après son entrée au Séminaire, M. Duplay assistait à l'expulsion des prêtres qui en avaient la direction, et dont tout le crime consistait à avoir eu pour supérieur général un homme assez courageux pour revendiquer devant un empereur puissant les droits et les prérogatives inviolables de l'Eglise et du Saint-Siége. Il était présent aussi en 1813, alors que le cardinal Fesch, venant de faire une nombreuse ordination et entrevoyant l'invasion étrangère prête à fondre sur la France, disait à ceux qu'il venait de consacrer au service des autels : « Messieurs, les « temps s'annoncent mauvais ; mais, quoi qu'il ar- « rive, vous vous rappellerez que vous êtes les enfants « des martyrs, et moi-même, à votre tête, je me sou- « viendrai de saint Pothin et de saint Irénée. »

Ce fut précisément le jour où M. Duplay fut ordonné diacre (1). Une fois enrôlé dans la sainte mi-

---

(1) Nous tenons ce détail intéressant d'un témoin oculaire, le vénérable curé de Saint-Georges-en-Couzan, M. Montet, condisciple et ami de M. Duplay.

lice, il ne regarde pas en arrière; bien plus, après avoir été disciple, il veut à son tour travailler à l'éducation et à la formation des ecclésiastiques, et pendant plus de 63 ans, il partagera tout son temps entre la prière, l'étude et l'enseignement du jeune clergé. Il sait que l'Eglise n'a point d'œuvre plus belle, plus utile que celle des séminaires ; *spes messis in semine*. Cette pensée le soutient, et toute sa vie il sera heureux d'y apporter son concours.

On a dit de M. Duplay que, docile comme un enfant, l'Eglise n'avait pas trouvé de disciple plus humble et le Souverain Pontife de fils plus affectueusement soumis (1). Ce témoignage est rigoureusement vrai : M. Duplay aimait l'Eglise comme sa mère. De là la joie que lui causaient ses triomphes, la tristesse qu'il ressentait de ses luttes et de ses épreuves. Ceux qui l'ont vu dans ses dernières années, savent combien il se préoccupait douloureusement de la situation faite au Saint-Siège par la spoliation de son pouvoir temporel, par l'abandon des puissances, par la vente des biens ecclésiastiques. Il avait encore trop présents à l'esprit les souvenirs de notre grande Révolution, pour ne pas établir entre ces deux époques un rapprochement qui affligeait son âme. Mais aussi il puisait dans ce souvenir un motif d'espérance : *Les promesses de Notre-Seigneur sont là* : portæ inferi non prævalebunt adversus eam. *L'Eglise a encore été plus persécutée dans la personne de Pie VI et de Pie VII que dans celle de Pie IX, leur glorieux successeur. J'espère encore voir ce nouveau triomphe ; et s'il ne m'est pas donné de le contempler sur la terre, je compte bien le voir du haut du ciel.*

(1) *Semaine Catholique*, n° du 21 décembre.

En politique, M. Duplay n'était pas un homme de parti; il avait vu tant de gouvernements se succéder en France, qu'il avait fini par tomber dans une sorte d'indifférence, qui ne lui laissait plus voir que l'Eglise et la France elle-même, la fille aînée de l'Eglise. Il lisait volontiers les journaux, et jusqu'à la fin de sa vie il s'est tenu au courant des événements. Il voulait aussi accomplir son devoir chaque fois qu'on faisait appel au suffrage universel, et il blâmait énergiquement ceux qui, par système ou par faiblesse, demeuraient étrangers à une lutte où les plus grands intérêts sociaux et religieux sont chaque fois remis en question. Il y mettait même une sorte de courage, et le 8 février 1871, comme il se présentait au bureau avec son bulletin de vote tout ouvert, le président crut devoir lui en faire poliment l'observation : *On sait bien pour qui je vote,* ajouta-t-il aussitôt. Mais pour ses jugements comme pour sa conduite, il prenait alors conseil de sa foi, c'est-à-dire du plus grand bien qui devait en résulter pour l'Eglise.

La conduite de M. Duplay dans la question liturgique, nous a montré que le Souverain Pontife n'avait pas de fils plus affectueusement soumis. Mais son dévouement remontait plus haut : à une époque où les doctrines romaines n'étaient pas, il faut le dire, assez généralement connues en France ni surtout assez aimées, M. Duplay avait déjà voué une affection particulière au siége de saint Pierre; il en admettait les prérogatives, il en reconnaissait toute l'autorité. Il n'avait presque pas de gravures dans sa chambre; mais il a toujours tenu à posséder le buste de Pie IX. Il ne se bornait pas à un dévouement purement spéculatif : formé à l'école de prêtres tout dévoués à la cause du Saint-Siège (1), il était lui-même un de ces hommes qui meurent pour la foi et qui, à l'heure du danger, formeraient une garde d'amour autour du Saint Père. Il s'associait de tout son cœur aux manifestations des catholiques en faveur du Souverain Pontife; il apprenait avec un plaisir particulier toutes les nouvelles qui intéressaient la personne et les actes de Pie IX; il admirait la grandeur de ce pontificat qui sera plus tard une des plus belles pages de l'Eglise; il lisait avec un véritable enthousiasme les discours et les allocutions du Saint Père, et pendant plusieurs jours il en faisait l'objet presque exclusif de ses entretiens avec les séminaristes. *Oh! qu'on sent bien,* disait-il, *que le Pape n'est pas un homme ordinaire! C'est le Saint-Esprit qui est avec lui pour lui inspirer de telles paroles, pour lui donner une si grande foi, un si grand courage.* M. Duplay mettait aussi son bonheur et sa gloire à étudier, à accomplir scrupuleusement toutes les décisions, toutes les prescriptions émanées de la chaire apostolique. On sait combien depuis quelques années, la jurisprudence canonique a été modifiée, fixée ou complétée sur divers points importants; malgré son âge, le vénérable supérieur, consacrait une partie considérable de ses loisirs à l'étude de ces documents, et parfois il s'imposait des recherches pénibles pour mieux en saisir la portée. Il s'y soumettait aussi avec l'obéissance la plus filiale, et nous pouvons donner une preuve toute récente de son respect pratique pour les décrets de la Congrégation de l'Index. Quelque temps avant sa mort il avait remar-

---

(1) On sait que le vénérable M. Gardette, dont il fut le disciple avant de devenir son confrère, avait été déporté à Rochefort.

qué dans sa bibliothèque un exemplaire de la théologie de Bailly, mise au nombre des livres défendus, avec la formule *donec corrigatur*, par un décret du 7 décembre 1852. Il voulait à tout prix le faire disparaître, et il eût mis immédiatement son projet à exécution, sans l'assurance qu'on lui donna d'une permission l'autorisant à conserver cet ouvrage.

Il est raconté de M. Hurtevent, fondateur et premier supérieur du séminaire de Saint-Irénée, « qu'il ne s'approchait jamais de Mgr l'archevêque de Lyon (M. Camille de Neuville de Villeroy) qu'avec une vénération profonde. » Lorsque nous allions le visiter, dit M. Maillard (*L'esprit de M. Hurtevent; sa religion envers le clergé*), il avait coutume de me dire : « Allons « saluer Jésus-Christ, notre divin maître, dans la « personne de Monseigneur. » On peut bien dire que cet héritage a été fidèlement conservé par M. Duplay : *Christi imaginem*, pouvait-il dire, *superiori meo imposui*; et plein de ce sentiment de foi, il n'abordait la personne des divers archevêques qui se sont succédé sur le siège primatial de Lyon, qu'avec le plus profond respect. Il se tenait devant eux comme un petit enfant, recueillant leurs moindres paroles, se tenant à leur égard dans la plus complète dépendance, « parce « qu'en effet, le vrai et unique supérieur dans chaque « diocèse est Mgr l'évêque, qui possède par son ca- « ractère la plénitude de la grâce qui doit être ré- « pandue dans son clergé. » (*M. Olier, Projet de l'établissement d'un séminaire.*) M. Duplay agissait de même envers ceux qu'il savait être les dépositaires de l'autorité diocésaine. Toujours aussi il s'est tenu dans une dépendance filiale vis-à-vis de son supérieur général, de son supérieur local, et jusque dans son extrême vieillesse, il en a donné les témoignages les plus remarquables. L'homme disparaissait littéralement à ses yeux, pour ne plus laisser voir que le représentant de Dieu ; et si l'on n'eût pas connu son esprit de foi, son désintéressement, sa simplicité, on aurait pu croire ces démonstrations exagérées.

Le séminaire de Saint-Irénée reçoit souvent la visite d'évêques étrangers, qui viennent y chercher des prêtres missionnaires pour les besoins de leurs diocèses. M. Duplay était également heureux de leur donner l'hospitalité, et il les honorait en toutes rencontres. Volontiers il aurait dit encore avec M. Hurtevent : » O Dieu ! quelle pure satisfaction d'honorer l'épis-
« copat dans les évêques ! C'est bien là que la religion
« agit toute seule : ni le faste séculier ni la pompe
« mondaine n'en corrompent l'esprit et ne souillent
« par des respects humains la pureté de ses devoirs. »

Il regardait aussi comme un de ses grands devoirs d'inspirer de bonne heure aux jeunes gens le respect pour l'autorité des évêques, et il aimait à méditer les paroles du fondateur des séminaires : « Le séminaire
« ouvre son sein aux prêtres et aux clercs du diocèse
« pour les préparer au service, au respect, à l'amour
« et à la dépendance absolue et dernière qu'ils doivent
« à Messeigneurs les prélats. L'Eglise ne sera jamais
« pleinement sanctifiée et ne l'a jamais été que par
« l'influence des évêques qui, comme des sources
« sacrées, se communiquent premièrement aux prê-
« tres, puis par les prêtres, et en les prêtres, à leurs
« peuples. » (*Ecrits spirituels de M. Olier.*)

Mais les évêques ne peuvent pas agir seuls ; ils ont besoin d'auxiliaires ; voilà ce qu'avait admirablement compris M. Duplay ; voilà aussi ce qui le détermina à donner tous ses soins, toute sa vigilance, toute sa sollicitude au recrutement du clergé. Nous pouvons même ajouter, sans crainte d'être démenti, que c'est là son principal titre de gloire. Oui, si le diocèse de Lyon se distingue entre tous les diocèses de France par le grand nombre de ses vocations, il en est surtout redevable au zèle et aux efforts du digne Supérieur. « *Il n'y a jamais trop de prêtres*, répétait-il souvent, *parce qu'il y a toujours plus de travail que d'ouvriers. C'est la parole même de Notre-Seigneur.* Messis quidem multa, operarii autem pauci (Luc., XII, 2). »

M. Duplay a contribué efficacement au recrutement du clergé par les relations assidues qu'il entretenait avec MM. les supérieurs et professeurs des petits séminaires ; par les recommandations qu'il faisait aux prêtres de distinguer de bonne heure les enfants en qui ils découvraient les premiers germes de la vocation ecclésiastique ; mais il y a surtout contribué par l'établissement des *manécanteries* ou écoles cléricales qui servent de maîtrises aux paroisses, en même temps qu'elles sont comme le vestibule et la préparation des petits séminaires. Que n'a-t-il pas fait pour multiplier ces écoles cléricales et les rendre prospères et fécondes ! Il veillait avec le plus grand soin sur le choix des professeurs appelés à les diriger ; aux professeurs eux-mêmes, il donnait les règles les plus sages et les plus sûres pour le discernement des vocations, voulant que les sujets fussent pris surtout à la campagne et dans les bonnes familles. Les ressources personnelles qu'il avait ou celles qu'il pouvait se procurer, il les consacrait exclusivement à la fondation ou à l'entretien des manécanteries. Il a eu parfois besoin de sommes considérables ; mais pour les obtenir, il ne craignait

pas de se faire en quelque sorte mendiant, et jamais il n'a regretté les grandes dépenses qu'il lui a fallu faire pour mener à bonne fin l'entreprise commencée. « *Procurer de bons prêtres à l'Eglise,* disait-il, *cela peut-il être acheté par trop d'argent? Aussi, dans le cas où telle maison* (qu'il nommait) *viendrait à disparaître, je me féliciterais toujours de l'avoir aidée et soutenue, parce que j'ai été surabondamment payé en pensant aux quelques bons prêtres qui en sont sortis.* » Pendant que son vénérable frère administra la paroisse de Marlhes, M. Duplay venait régulièrement passer chez lui une partie de ses vacances, et il en profitait pour l'encourager dans cette œuvre vraiment apostolique des vocations sacerdotales. Aussi ce bon curé a eu des élèves jusqu'à sa dernière heure. « J'étais de ce nombre lorsque la
« mort vint le frapper, nous écrit le vénérable supé-
« rieur du petit séminaire de Verrières, et durant sa
« maladie, M. Duplay, qui se trouvait depuis trois ans
« à la tête du séminaire de Saint-Irénée, nous faisait
« régulièrement la classe, et si la paroisse de Mar-
« lhes a donné naissance à beaucoup d'ecclésiasti-
« ques, elle le doit certainement au zèle des MM. Du-
« play. »

Deux manécanteries ont été plus spécialement l'objet de la générosité de M. Duplay : celle des Salles, près de Noirétable, qui lui doit sa première existence, et celle d'Usson, qu'il avait établie par l'entremise d'un excellent prêtre, son condisciple et son ami. Il se les était comme réservées, il les visitait souvent, et, chaque année, il tenait à y présider la distribution des prix, afin d'encourager les professeurs et les élèves. Dans les retraites pastorales, il recommandait encore cette œuvre des écoles cléricales au zèle, au dévouement du clergé ; et afin d'être plus persuasif, il mettait sous les yeux de MM. les curés une sorte de statistique où il montrait que le recrutement effectif des petits séminaires dépend principalement des manécanteries ; il aimait aussi à rappeler le nombre et la qualité des sujets qu'elles avaient déjà donnés à l'Eglise et au diocèse. Jusque dans les dernières années, M. Duplay voulut continuer cette vigilance active sur les écoles cléricales, et pendant les vacances qui ont précédé sa mort, il a eu la consolation d'en voir s'établir trois nouvelles, sur lesquelles il se plaisait à fonder les plus belles espérances : une à Jonzieux, son pays natal, la deuxième à Pélussin, et la troisième à Charlieu.

Il était si profondément convaincu de l'utilité de ces institutions, qu'il les recommandait au zèle des évêques missionnaires, comme le vrai et presque le seul moyen d'affermir, de consolider l'œuvre de leur apostolat. *Le clergé indigène*, répétait-il sans cesse, *voilà la ressource la plus précieuse pour la propagation de la foi dans un pays*. Il aurait voulu voir ces manécanteries établies dans tous les diocèses, et elles étaient chez lui l'objet d'une préoccupation si constante, qu'un jour il racontait naïvement un de ses rêves : il lui semblait que deux illustres persécuteurs de la religion catholique venaient de se convertir, et afin de rendre à Dieu toute la gloire qu'ils lui avaient ravie, afin de compenser aussi toutes les pertes qu'ils avaient fait subir à son Eglise, ils n'avaient point trouvé de moyen plus efficace que de décréter et d'assurer pour tout le royaume l'établissement des écoles cléricales.

La fin du sacerdoce, c'est le salut des âmes : *Pcsui*

vos ut eatis et fructum afferatis et fructus vester maneat. (Joan., xv, 16.) Voilà aussi le but ultérieur, définitif, auquel tendait M. Duplay dans son zèle pour le recrutement du clergé. « *On se plaint*, disait-il, *et avec raison, du mal qui ronge les sociétés modernes ; mais n'y aurait-il pas beaucoup plus de mal encore si le sacerdoce disparaissait de la terre ? car c'est aux prêtres qu'il a été dit :* Vos estis sal terræ. *Un prêtre*, ajoutait-il, *fait toujours du bien ; n'eût-il converti qu'une seule âme, ne serait-ce pas déjà beaucoup ?* Aussi comme il suivait avec intérêt les progrès de la religion dans les différentes contrées de l'univers ! Comme il aimait à lire les *Annales de la Propagation de la Foi !* Comme il s'empressait de donner une généreuse hospitalité aux évêques et aux missionnaires qui viennent souvent la demander au séminaire de Saint-Irénée ! Comme il les suppliait avec instance d'adresser la parole à la communauté, afin d'exciter, de stimuler le zèle des séminaristes ! Le premier il assistait à ces réunions, et tous se rappellent la part très-active qu'il y prenait, par les interrogations qu'il y faisait et par les détails qu'il provoquait. Rien ne lui tenait plus à cœur que la liberté de l'Eglise ; dans sa dernière maladie, il s'intéressait encore à l'Allemagne, et particulièrement aux provinces françaises qui lui ont été annexées, désirant savoir si on y appliquait les dernières lois qui obligent les ecclésiastiques au service militaire. *L'Eglise*, disait-il, *ne demande que la vraie liberté ; qu'on la lui accorde, elle sera bientôt victorieuse de toutes les autres sectes qui veulent lutter avec elle.* Quand il était Directeur ou Supérieur, il ne recevait aucune lettre des prêtres nombreux qu'il avait envoyés en mission, sans la communiquer aux jeunes gens ; il avait même eu la pensée de réunir toutes ces lettres pour les générations futures, qui y trouveraient tout à la fois une édification et un encouragement. Lorsque les prêtres du diocèse venaient le voir, il leur demandait avec intérêt des nouvelles de leurs paroisses, désirant connaître le nombre des communions pascales, l'état des confréries, la nature et la valeur des divers moyens employés par eux, afin de maintenir et d'augmenter la religion dans les âmes. Il aimait aussi à savoir le chiffre exact de leur population, et quand il la voyait trop nombreuse, il les priait de solliciter eux-mêmes de l'autorité ecclésiastique la création d'une paroisse nouvelle. *Plus on multipliera les centres paroissiaux,* avait-il coutume de dire, *plus on est certain d'arriver à toutes les âmes.* Il recommandait spécialement aux prêtres l'œuvre si belle et toute diocésaine de la Propagation de la Foi, qu'il regardait comme la plus utile de toutes les œuvres, et qu'il avait lui-même contribué à établir dans la paroisse de Marlhes, pendant les vacances qu'il y passait chez son frère aîné. Mais surtout il cherchait à ranimer la flamme du zèle dans le cœur des jeunes séminaristes : *C'est le prêtre,* leur disait-il, *qui doit engendrer les âmes, suivant la parole de saint Paul :* Filioli mei, quos iterùm parturio, donec formetur Christus in vobis. (Gal., IV, 19.) Le dernier sujet d'oraison qu'il donna à la communauté avait précisément pour objet l'amour et la connaissance de Notre-Seigneur procurés par le sacerdoce. *Pendant que vous êtes jeunes,* disait-il souvent aux séminaristes, *travaillez beaucoup pour les âmes ; plus tard vous n'aurez de consolation et de joie, que dans la proportion des efforts que vous aurez réalisés dans ce but.* Son zèle pour les âmes le portait à prier beaucoup pour la conversion des pauvres pécheurs ;

c'était, nous le savons, une de ses intentions habituelles dans la célébration de la sainte messe et dans la récitation du Bréviaire ou du chapelet. *Que d'âmes tombent à chaque instant dans l'enfer,* disait-il, *et qui seraient sauvées si les prêtres priaient davantage, et s'ils étaient plus saints !* Il aimait surtout à demander la conversion des grands et des puissants, quand ils se montrent les ennemis, les persécuteurs de l'Eglise. *Plus ils ont d'autorité,* disait-il, *plus nous devons solliciter pour eux la grâce de la foi, afin qu'ils aiment, qu'ils embrassent cette religion catholique qui est le salut des nations comme celui des individus.* Et quand il apprenait quelqu'une de ces morts dont Dieu seul a le secret, mais qui laissent après elles bien des craintes, bien des inquiétudes, il exprimait toute la peine qui remplissait son âme, en pensant que peut-être ces hommes n'avaient pas reconnu leurs erreurs, ni leur triste état, avant de paraître au tribunal de la souveraine justice. Toutefois, même alors, plein de confiance en la bonté divine et sincèrement désireux de leur salut, il se plaisait encore à espérer. *Qui sait,* disait-il, *ce qui s'est passé entre Dieu et ces âmes au moment de la mort ! Si elles n'ont pas eu le secours extérieur du prêtre, n'ont-elles pas eu la grâce de faire un bon acte de contrition ?*

IV

Maladie, mort et obsèques de M. Duplay.

Tel s'est montré M. Duplay pendant toute sa vie. — Il allait achever sa 90ᵉ année, et en le voyant toujours si robuste, si courageux, nous aimions à croire que longtemps encore il serait conservé à l'affection du Séminaire et du clergé de tout le diocèse. Il continuait à jouir d'une santé excellente ; dans ses conversations il montrait la même lucidité d'esprit, la même gaieté, la même finesse d'observation. Il n'avait aucune des infirmités ordinaires à la vieillesse ; on aurait pu lui appliquer littéralement ce qui a été dit de Moïse : *non caligavit oculus ejus nec dentes ejus moti sunt.* (Deuter., xxxiv, 7.) Les prêtres du diocèse se rappellent encore avec émotion cette journée du 28 juin 1877, où il vint, après cinquante années, accompagner au saint autel le prêtre qu'il avait dirigé pendant son noviciat ecclésiastique, qu'il avait conduit aux ordres sacrés et assisté à sa première messe.

Coïncidence frappante ! En moins de 24 heures ces deux prêtres, M. Duplay et M. Empère, curé de Notre-Dame des Victoires à Roanne, le maître et le disciple, le directeur et le pénitent, devaient aller ensemble recevoir, du père de famille, la récompense accordée aux bons serviteurs.

C'est le jeudi matin, 13 décembre, que M. Duplay

fut atteint de la maladie qui devait amener sa fin. La veille, il avait soupé comme à l'ordinaire ; il avait passé une grande partie de la soirée avec Mgr Lamy, archevêque de Santa-Fé (Nouveau-Mexique). Le jeudi 13, on ne le voit pas paraître à l'oraison ; on va dans sa chambre ; mais il avait été obligé de garder le lit ; un refroidissement accidentel avait déterminé une légère bronchite. Il n'en fallait pas davantage pour mettre ses jours en danger. Après l'avoir vu, le médecin conseilla de ne pas laisser passer la journée sans lui administrer les derniers sacrements. M. Duplay reçut cette nouvelle avec son calme ordinaire : il se confessa, et à l'heure de la lecture spirituelle, en présence des Directeurs et de toute la communauté, le vénérable Supérieur reçut l'Extrême-Onction et le saint Viatique avec une foi de patriarche, avec cette piété simple qui a été le caractère distinctif de sa vertu. Il avait une présence d'esprit parfaite ; il répondit à toutes les prières, et récita lui-même seul celles que la liturgie romano-lyonnaise met dans la bouche du malade. Quand la cérémonie fut terminée, sur la demande qu'on lui en fit, il voulut bien donner sa bénédiction aux Directeurs et aux séminaristes qui se pressaient nombreux autour de son lit.

Hélas ! cette bénédiction devait être la dernière ; à partir de ce moment, l'état du vénérable malade s'est de plus en plus aggravé, et il fallut renoncer à tout espoir de le conserver. Lui-même suivait très-bien les progrès du mal, et il comprit qu'il n'en serait pas de cette indisposition comme de plusieurs autres. *Au reste j'ai assez vécu,* disait-il en riant. *Le bon Dieu n'en a pas accordé autant à beaucoup d'autres. Je croyais presque qu'il m'avait oublié sur la terre : je vois bien maintenant qu'il pense à moi. Jusqu'ici je n'ai pas moi-même pensé sérieusement à la mort ; cette fois il faut que j'y songe tout de bon.* Et si on lui demandait des nouvelles de sa santé : *Je vais bien,* dit-il, *parce que je vais comme le bon Dieu veut.* A part quelques intervalles très-courts, il jouissait de toutes ses facultés et il en profitait pour s'élever habituellement à Dieu, pour s'unir à la communauté elle-même, dans les différents exercices dont il entendait le signal donné par la cloche. Le lendemain du jour où il tomba malade, ses deux neveux, mandés par dépêche télégraphique, étaient arrivés pour le voir ; il les reçut avec sa bonté accoutumée, et demanda avec sollicitude des nouvelles de tous les membres de sa famille. *Et les affaires civiles ?* ajouta-t-il, *elles vont comme elles peuvent.* L'un de ses neveux, M. Sovignet, curé de Saint-Romain-les-Atheux, lui dit que chaque matin il monterait à Fourvière afin d'offrir pour lui le saint sacrifice et de demander à la très-sainte Vierge sa guérison. Chaque matin, en effet, il s'unissait à ses intentions et priait *la bonne Mère*, mais en se résignant avant tout à la sainte volonté de Dieu. Nous avons déjà dit qu'une de ses préoccupations était alors de réciter son office ; mais aussitôt qu'on lui rappelait la loi de l'obéissance, il se calmait, tenant cependant à réciter un chapelet particulier pour suppléer à un devoir que ses forces ne lui permettaient pas d'accomplir. Jusque dans ses courtes absences, il montrait son union intime avec Dieu, et l'attente, presque le désir de sa fin prochaine. Il voulait souvent se lever, parce que, ajoutait-il, *il faut être debout pour paraître devant Dieu.*

Il profitait aussi de ses rapports avec ceux qui le veillaient pour inculquer de plus en plus dans leurs âmes le vrai zèle pour la gloire de Dieu, pour leur sanctification personnelle, et pour le salut des âmes qui leur seraient un jour confiées. *Travaillez bien pendant que vous êtes jeunes ; quand on est vieux, on ne peut plus se traîner.* Il leur rappelait l'obligation où l'on est d'étudier toujours dans le ministère, de se rendre assidûment aux conférences, de chercher de nouvelles industries pour ramener les pécheurs à Dieu. L'un d'eux lui ayant suggéré une parole de la sainte Ecriture qui répondait mieux à ses besoins : *Dieu vous aime bien*, lui dit-il, en le regardant avec douceur. Et il lui donna sa bénédiction.

Le vendredi 14 décembre, Son Eminence Mgr le Cardinal Archevêque, accompagné de ses vicaires généraux, daigna visiter le cher malade. M. Duplay en fut très-sensiblement touché, et après le départ de Son Eminence, il en exprima vivement sa reconnaissance, ajoutant qu'il était indigne d'une si grande faveur. Beaucoup de curés, d'ecclésiastiques de la ville, avertis de sa maladie, tinrent aussi à le visiter ; il disait à chacun son petit mot d'édification, et surtout il se recommandait aux prières de tous.

Mais ce qui fut particulièrement digne d'admiration pendant ces quatre jours, c'est le soin avec lequel M. Duplay se préparait à la mort. Il récitait souvent des passages de la sainte Ecriture, des prières de l'Eglise, le *Memorare*. Il pensait à la justice de Dieu, mais il aimait aussi à se confier en sa bonté. Un jour il se prit à dire lentement et en appuyant sur chaque mot : *Si iniquitates observaveris, Domine* (Ps., CXXIX, 3), puis il fit une pause, comme pour se représenter le regard de Dieu plongeant dans le cœur de l'homme et lui demandant compte de toute sa vie. Il continua bientôt, dans le même sentiment : *Domine, quis sustinebit ?* — C'était la crainte du juste en face du Juge qui apparaît. Mais le saint prêtre ajouta bien vite, avec un calme sourire et en reprenant cette expression de sérénité qui faisait le charme et l'attrait habituel de son visage : *et copiosa apud eum redemptio.* Il voyait devant lui soixante-trois années de prêtrise, soixante-trois années de grâces dont il allait rendre compte à Notre-Seigneur qui les lui avait données ; mais quand elles ont été dignement employées, ne sont-elles pas plutôt un motif d'espérer ? *Qu'un saint prêtre est une belle chose!* dit saint Vincent de Paul.

Nous croyons que M. Duplay eut à subir dans ses derniers moments les épreuves de la tentation ; parfois il parlait du démon qu'il semblait vouloir écarter d'un geste; il redisait souvent ces paroles de l'Imitation : *in cruce salus, in cruce vita, in cruce protectio ab hostibus : ab hostibus,* répétait-il, et il y ajoutait ces derniers mots de l'*Ave Maria* : *Sancta Maria, mater Dei,* etc. C'est alors aussi qu'il prononça les paroles citées plus haut : *Je n'ai jamais douté des vérités de la foi, et pourtant le démon voudrait renverser l'œuvre de Notre-Seigneur ; mais la sainte Vierge sera plus forte que lui :* ipsa conteret caput tuum. (Gen., III, 5.)

Mais habituellement c'était l'amour, c'était l'espérance, c'était la paix qui remplissait son âme. En voyant ce calme parfait, un de ses confrères disait qu'il irait au jugement de Dieu comme à un exercice du Séminaire, comme à l'oraison ou à une dominicale.

Il en fut spécialement ainsi durant la dernière nuit, celle du dimanche au lundi. Dès le soir, comme s'il avait eu le pressentiment de sa fin prochaine, M. Duplay voulut se confesser de nouveau ; on lui parla ensuite de recevoir l'indulgence plénière, et, après minuit, la sainte communion, puisqu'il l'avait déjà reçue en viatique. — Mais avant d'accepter ces arrangements, il voulut les sanctifier par l'obéissance : *A-t-on parlé de tout cela à M. le Supérieur ? dit-il. Je ne ferai rien qu'il n'ait déterminé et approuvé.* En effet, après la prière du soir, M. le Supérieur lui annonce d'abord l'Indulgence plénière : *C'est bien celle qu'on donne à l'article de la mort ?* Et sur la réponse affirmative qui lui fut faite, il redoubla de ferveur, récita le *Confiteor*, et fit sur lui tous les signes de croix pour recevoir plus entièrement le bienfait de l'Indulgence. Il entra ensuite dans une agitation fébrile, qui semblait lui ôter le plein usage de sa raison ; mais, au milieu des phrases inarticulées qu'il prononçait, on distinguait très-nettement les mots d'Eucharistie, de communion, de Saint-Sacrement, sans doute parce qu'il pensait à la communion promise. Vers dix heures et demie, il eut une défaillance pendant laquelle on crut qu'il allait expirer. Ceux qui le veillaient récitèrent alors les prières de la recommandation de l'âme ; aussitôt le malade, semblant reprendre connaissance, répondit très-nettement à toutes les invocations, et leva les mains jointes vers le ciel. Aux approches de minuit, comme on doutait s'il pourrait, vu son état de faiblesse extrême, recevoir la sainte hostie, on voulut sonder ses intentions. Mais il témoigna par ses paroles, par ses gestes, de la sainte impatience où il était de la recevoir ; il poussa même du bras son neveu, qui devait avoir la consolation de le communier une dernière fois. Ce moment désiré arriva enfin, et il était beau de voir ce vénérable vieillard recueillir tout ce qu'il avait de force dans son cœur, pour faire les actes de foi, d'espérance, de charité, de contrition, de désir. Quand il eut reçu la sainte hostie, il récita encore son *Te Deum* entier, les paroles des psaumes les mieux appropriées à sa position : *Cor meum et caro mea exultaverunt in Deum vivum.* (Ps. LXXXIII, 3.) Il répéta à plusieurs reprises : *Caro mea requiescet in spe.* (Ps. xv, 9.) Il ne cessa de s'entretenir dans ces sentiments pendant ses dernières heures ; son agonie ne se fit remarquer par aucune secousse ; il cessa de respirer vers les quatre heures du matin, le 17 décembre. Il s'était endormi du sommeil des justes sur le sein de Dieu, alors qu'il était encore pour ainsi dire dans l'action de grâces de sa dernière communion. Une demi-heure après, les messes commençaient déjà pour le vénéré défunt ; la communauté était avertie de sa mort au début même de l'oraison, et si la justice de Dieu a encore trouvé en lui quelques restes à expier, nous pouvons bien espérer que les messes aussitôt célébrées, les communions aussitôt faites à son intention, n'ont pas tardé à lui ouvrir le lieu du rafraîchissement, de la lumière et du repos éternel.

On revêtit le corps de M. Duplay de la soutane et du surplis ; on mit entre ses mains son chapelet, sa croix, son Bréviaire auxquels il avait témoigné pendant sa vie une religion si profonde, et on l'exposa dans la salle Saint-Irénée, qui avait été transformée en chapelle ardente. Pendant les trois jours qui devaient se succéder encore jusqu'au jeudi matin, jour fixé pour ses obsèques, il y eut jour et nuit des séminaristes priant pour le repos de son âme, ou plutôt méditant sur ses vertus et faisant déjà appel à son crédit auprès de Dieu.

Beaucoup d'ecclésiastiques vinrent aussi contempler une dernière fois les traits de celui qui avait été leur Supérieur et leur modèle. Ils aimaient à voir ce visage plutôt transfiguré que défiguré par la mort; les rides avaient disparu; les chairs avaient pris la blancheur de la cire et le corps avait conservé une certaine souplesse. On eût dit qu'il dormait d'un sommeil paisible. Beaucoup de séminaristes firent toucher à son corps leur chapelet, comme on fait pour les reliques d'un saint. Il se commit plus d'un pieux larcin dans cette circonstance; car on lui coupa une partie de ses cheveux, qu'il avait conservés très-abondants. Plusieurs personnes ont aussi exprimé le désir de posséder des objets qui lui eussent appartenu; mais que prendre chez un homme qui possédait si peu?

La cérémonie des obsèques révéla dans un éloquent langage l'estime profonde et l'amour sincère que le clergé avait pour ce saint prêtre. Des lettres avaient été envoyées à tous les prêtres du diocèse. Plus de cinq cents ecclésiastiques vinrent non-seulement de la ville ou des environs, mais des extrémités les plus reculées, pour rendre les derniers honneurs à ses restes vénérés. L'affection seule inspirait ces démarches, et il était facile de lire sur tous les visages les sentiments qui remplissaient les cœurs. Chacun se reportait alors aux années plus ou moins éloignées de son séminaire; il se rappelait les sages conseils de ce père dévoué, ses hautes vertus, son abnégation entière, sa touchante bonté.

Plusieurs de ses confrères vinrent même de très-loin pour honorer la mémoire de celui qu'ils avaient connu et vénéré comme un père. Nous avons été particulièrement heureux d'y voir M. Méritan, successeur immédiat de M. Duplay et appelé depuis à la cure de Saint-Sulpice, et M. Thibault, Supérieur du grand séminaire de Dijon, ancien Directeur au séminaire de Saint-Irénée.

Noble et touchant hommage ! Aussi peut-on dire que, si les obsèques de M. Duplay ont été glorieuses pour sa mémoire, elles ont été également honorables pour le clergé de la ville et du diocèse de Lyon, parce qu'elles ont prouvé qu'il a l'intelligence de la vertu et la mémoire du cœur.

Mgr Pagnon, vicaire général, fit la levée du corps. Le cortége sortit du Séminaire, pour se rendre à la Primatiale par la montée du Chemin-Neuf et la rue Tramassac. Lorsqu'il arriva sur la place Saint-Jean, MM. les chanoines et un bon nombre de prêtres en costume de chœur s'y étaient déjà rendus pour recevoir le corps du défunt. — L'église primatiale avait été tendue de noir depuis le fond de l'abside jusqu'à la chaire. Son Eminence Mgr le Cardinal Archevêque daigna assister à tout l'office et fit Elle-même l'absoute, afin de mieux témoigner à ce saint prêtre son estime, son affection et aussi sa reconnaissance pour les longs et importants services rendus à son diocèse par M. Duplay.

L'office terminé, le chapitre voulut encore accompagner procesionnellement le chœur jusqu'à l'avenue de l'Archevêché : le reste du cortége se dirigea vers la gare de Perrache, d'où le corps devait partir pour être transporté à Jonzieux, accompagné par le neveu du défunt et un Directeur du séminaire de Saint-Irénée.

Mais à Saint-Etienne de nouveaux honneurs lui

étaient réservés. M. Delphin, archiprêtre de Notre-Dame, ancien élève et pénitent de M. Duplay, avait eu la délicate attention d'en prendre l'initiative par une lettre touchante qu'il avait envoyée d'avance à M. le Supérieur du Grand Séminaire. Sa première pensée était de convoquer tout le clergé de la ville pour recevoir le cercueil à la gare ; mais l'heure tardive de l'arrivée du train ne l'ayant point permis, le clergé, préalablement réuni dans l'église de Notre-Dame, vint processionnellement au-devant du corps à une distance d'environ quarante mètres ; après que M. le curé eut terminé les prières et les cérémonies accoutumées, le cercueil fut porté par les prêtres jusqu'à l'église, où se trouvait une foule nombreuse et pieusement recueillie.

On chanta les vêpres des morts ; M. le curé donna l'absoute ; quatre prêtres chantèrent le *Salve Regina* aux pieds du corps, qui fut ensuite processionnellement conduit dans la chapelle particulière où il devait passer toute la nuit.

Le lendemain de bonne heure on se dirigeait vers Jonzieux. Quand on arriva à Saint-Genest-Malifaux, M. l'archiprêtre eût voulu introduire le corps dans l'église et donner une nouvelle absoute. Mais le mauvais temps et la crainte d'un retard trop considérable ne le permirent pas ; on se contenta de faire sonner le glas funèbre tout le temps que le corps demeura dans la paroisse.

Vers onze heures du matin, on arrivait à Jonzieux. Le corps fut immédiatement déposé aux pieds de la croix qui se trouve devant le presbytère, et de là conduit dans l'église, toute tendue de draperies noires et brillamment illuminée. Plus de trente prêtres étaient accourus des paroisses voisines assister à la cérémonie ; ils voulurent porter eux-mêmes le cercueil, qui fut exposé sur un beau catafalque, au milieu des lumières et des couronnes.

La levée du corps avait été faite par M. le curé de Jonzieux ; la messe solennelle, avec diacre et sous-diacre, fut chantée par M. Bard, archiprêtre de Saint-Genest, et l'absoute donnée par M. Dard, archiprêtre de Pélussin, ancien curé de Jonzieux.

Immédiatement après la messe, celui de MM. les Directeurs du Séminaire qui avait été délégué pour accompagner le corps du vénérable Supérieur, crut devoir faire entendre quelques mots à la louange du défunt : *Dilectus Deo et hominibus.* (Eccl., XLV, 1.) Ces quatre mots ne résument-ils pas admirablement la vie et les vertus de M. Duplay ? *Dilectus Deo :* n'a-t-il pas été vraiment chéri de Dieu, qui lui avait accordé les dons les plus précieux ; l'amour de l'humilité et la simplicité : *cum simplicibus sermocinatio ejus* (Prov., III, 32) ; un cœur pur et droit : *quam bonus Israel Deus his qui recto sunt corde !* (Ps. LXXII, 1) ; un grand esprit de foi, un amour tout particulier pour les saintes Ecritures ; un amour plus grand encore pour la sainte Eglise, qu'il a servie pendant plus de 63 ans, n'ayant pas d'autre ambition que de travailler à lui donner de bons et saints prêtres et des missionnaires zélés ? *Dilectus hominibus :* M. Duplay n'a-t-il pas aussi été aimé des hommes ; de tous les prêtres qu'il a eu le bonheur de former ; de sa famille selon la nature, pour qui il a eu une affection si constante ; de sa famille spirituelle du Séminaire, de ses confrères, des séminaristes qui étaient si heureux de le posséder au milieu d'eux, et qui conserveront toujours le souvenir de sa vie, de ses travaux et de ses vertus ? *Cujus memoria in benedictione est.*

Il en a coûté beaucoup aux Directeurs du séminaire de Saint-Irénée de se séparer de la dépouille mortelle de celui qui avait habité cette maison pendant plus de 60 années ; mais ils ne pouvaient oublier qu'après le Séminaire, M. Duplay aimait surtout sa famille et sa paroisse natale. Du moins ils ont réclamé la meilleure part, qui leur a été accordée : c'est son cœur. N'était-il pas juste qu'il demeurât dans ce séminaire qui lui doit son existence, et au milieu de ceux qu'il avait aimés de l'affection la plus touchante et la plus paternelle ? N'était-il pas juste qu'il nous laissât aussi, avec son cœur, le souvenir des sentiments et des dispositions qui l'ont animé pendant toute sa vie ?

In memoria æterna erit justus ! (Ps. CXI, 7.)

LYON
IMPRIMERIE, RUE DE CONDÉ, 90
J.-E. ALBERT

www.ingramcontent.com/pod-product-compliance
Lightning Source LLC
LaVergne TN
LVHW050649090426
835512LV00007B/1107